Detlef Berghorn

Neue Wörter im Duden

Detlef Berghorn

Neue Wörter im Duden

Von 1880 bis heute

Dudenverlag
Berlin

Inhalt

Zäsuren, Zeitgeist und Botokuden

Ein Vorwort

Guter Rat
Ein Mensch, ein guter Orthograph,
Schrieb alles recht, sogar im Schlaf.
Er fehlte sozusagen nie:
Selbst was wie: »Idiosynkrasie«,
»Katarrh«, »Fayence«, »liniiert« –
Nie ist dem Menschen was passiert.
Doch eines Tags, wie's halt so geht,
Schreibt er das schlichte Wort »Atlet«,
Und merkt zwar gleich den Fehler da,
Doch fragt er sich, wo steht das h.
Vergeblich sind da seine Finten,
Er zweifelt doch, ob vorn, ob hinten -
Ein Freund, den schließlich er befragt,
Hat kurz und bündig dies gesagt:
»Lebst Du denn bei den Botokuden?
Geh hin und kauf Dir einen Duden!«
Eugen Roth

Im Jahr 1880 erschien beim Verlag Bibliographisches Institut in Leipzig Konrad Dudens »Vollständiges Orthographisches Wörterbuch der deutschen Sprache«. Das Werk stieß auf eine große Nachfrage; Neudrucke und Neuauflagen lösten sich in rascher Folge ab. Von staatlichen Stellen in Deutschland, Österreich und der Schweiz bald als maßgebend in Fragen der Rechtschreibung anerkannt, wurde Konrad Dudens Wörterbuch schnell zu einer Institution, die nach seinem Tod 1911 auch seinen Namen im Titel führte, beginnend mit der Neuauflage von 1915: »Duden. Orthographisches Wörterbuch der deutschen Sprache«. Noch heute wissen wohl die meisten deutschen Muttersprachlerinnen und Muttersprachler, was mit »Geh hin und kauf Dir einen Duden!« gemeint ist. Im Deutschen steht ›Duden‹ heute praktisch synonym für ›Wörterbuch‹.

Die Bedeutung des Duden geht aber über die praktische Nutzbarkeit als Wörterbuch sowie Ratgeber in Fragen der Rechtschreibung und Grammatik weit hinaus. Durch seine lange Geschichte ist der Duden zu einem einzigartigen kulturellen Gedächtnis angewachsen, das sich beginnend mit dem ›Schleizer Duden‹ von 1872 über mehr als 150 Jahre erstreckt – konserviert zunächst in Sprachkarteien, in jüngerer Zeit in der digitalen Datensammlung und immer wieder neu kuratiert und dargeboten in nunmehr 29 Auflagen. Von einer Ausnahme abgesehen, die aber nur eine kurze Episode blieb – die 14. Auflage des Ostdudens aus Leipzig speckte deutlich ab, als man eine inhaltliche Neuaufstellung versuchte –, nahmen die verzeichneten Stichwörter von Auflage zu Auflage zu: von 28.000 Lemmata in der Auflage von 1880 bis zu den 151.000 Lemmata in der 29. Auflage von 2024.

An dem stetigen Zuwachs – in den letzten Auflagen in der Regel um die 3.000 bis 5.000 Wörter – lässt sich die kontinuierliche Weiterentwicklung der deutschen Sprache ablesen; hinzu kommen die Erläuterungen zu einzelnen Lemmata, die ebenfalls Rückschlüsse auf sich verändernde Einstellungen und Bewertungen zulassen. Eine besondere Vergleichsmöglichkeit bieten zudem die parallelen Auflagen in den 40 Jahren der deutschen Teilung.

Bemerkenswert sind die Fälle früher Aufnahmen weiblicher Formen, bevor dies seit Ende der 1980er-Jahre zunehmend systematisch umgesetzt wird. Gammlerinnen[1967] etwa hängen von Anfang an mit den Gammlern[1967/L1967] ab: Sie waren offenbar ein sichtbarer und vieldiskutierter Teil dieser Jugend- und Protestkultur. Terroristinnen[1986] folgen schon in den 1980ern den Terroristen[1880] – was dem hohen Frauenanteil in der Roten-Armee-Fraktion[1980]/RAF[1980] geschuldet sein dürfte. Die Frauenrechtlerin[1915] findet sich zuerst in der 9. Dudenauflage. Begleitet wird sie zunächst noch von dem Frauenrechtler[1915–1934], der jedoch in der martialischen[1880] NS.[1941]-Zeit aus dem Duden verschwindet und bis heute nicht wieder aufgetaucht ist. Immerhin gibt es seit der 25. Dudenauflage den Frauenversteher[2009] (»*ugs. für* Mann, der sich Frauen gegenüber sehr einfühlsam gibt«) – ohne weibliches Pendant.

Überfliegt man eine mühsam erstellte, aber gut sortierbare Liste mit Wörtern und dem Jahr ihres ersten Erscheinens im Duden, werden sofort historische Zäsuren[1905] sichtbar: der Erste Weltkrieg und der Übergang vom Kaiserreich zur Republik 1918/19, die Machtergreifung der Nazis, die Entnazifizierung auch des Duden nach Ende des Zweiten Weltkriegs, die Entwicklung zweier entgegengesetzter politischer, wirtschaftlicher und gesellschaftlicher Systeme in West- und Ostdeutschland, die europäische Integration, die deutsche Wiedervereinigung und schließlich die jüngsten Krisen der Gegenwart. Alle Einschnitte gehen mit vielen Neuaufnahmen und Streichungen von Lemmata einher, etwa die zahllosen Komposita zu ›Blut‹, ›Rasse‹ und ›Volk‹ in der Nazizeit, dann deren weitgehendes Verschwinden nach 1945, das fließbandartige Wachstum der Wirtschaftswörter während des ›Wirtschaftswunders‹ im Westen, das spezialistische SED-Funktionärsvokabular im Osten, die Neuaufnahmen und Neubewertungen im Gefolge der Studentenbewegung und gesellschaftlichen Liberalisierung, die steigende Aufmerksamkeit für die europäischen Institutionen, der katastrophenartige Ausbruch der Corona-Wörter. So vermitteln die Lemmata und ihre Präsentation ein Gefühl für zeitgenössische Moden[1880] und Paradigmen[1880], den Zeitgeist[1915], die Mentalitäten[1929], Weltanschauungen[1929] und Trends[1941], die Leitbilder[1961/L1985] und Wertvorstellungen[1973] sowie den allfälligen Sinneswandel[1986] und aktuellen Mainstream[2000].

Ein durchaus typischer Fall sind die Botokuden[1915], die nach den oben zitierten herabwürdigenden Versen wohl in der Regel ohne Duden auskommen mussten. In Zeiten, als auch das Deutsche Reich Kolonien[1880] in Übersee eroberte, wuchs das Interesse an der Völkerkunde[1929] – nicht zuletzt zur Selbstversicherung der eigenen Überlegenheit; die volkstümliche[1934] NS-Zeit hält sogleich eine Abwertung bereit; wie oft in den DDR-Ausgaben geht man ausführlicher auf Details aus Ländern der Dritten Welt[1973]/des globalen Südens ein – hier die Ableitung der Fremdbezeichnung von einem typischen hölzernen Körperschmuck –, und ›Volk‹ wird schließlich durch die korrektere ›Stammesgruppe‹ ersetzt; der ›Einheitsduden‹ orientiert sich vor allem an seinen bundesdeutschen Vorläufern; in der Gegenwart verzichtet man mittlerweile auf einen historisch unsinnigen Begriff und zeigt mehr Respekt für Gruppen, die in der Vergangenheit nicht gut gehört wurden.

Die Botokuden[1915] im Duden

Auflage	Erläuterung
1915	Volk
1929	ostbras. Indianerstamm
1934	Indianerstamm in Brasilien; volksm. [volksmäßig, umgangs-, volkssprachlich] oft für Dummköpfe
1941, 1947	brasilian. Indianer; umg. für: Dummkopf

Auflage	Erläuterung		
L1951	brasilan. Indianerstamm	1954–1986	bras. Indianer
L1957–L1976	Angehöriger eines indian. Volkes in Brasilien (portug. *botoque* »Lippenpflock«)		
L1985	Angehöriger einer indian. Stammesgruppe in Brasilien (portug. *botoque* »Lippenpflock«)		
1991, 1996	bras. Indianer		
2000–2020	brasilian. Indianer		
2024	(veraltet abwertend) Angehöriger einer brasilianischen indigenen Bevölkerungsgruppe		
online	(veraltet abwertend) Angehöriger einer brasilianischen indigenen Bevölkerungsgruppe; (bildungssprachlich abwertend) ungebildeter Mensch mit schlechtem Benehmen		

Die Erläuterungen in den Tabellen dieses Buchs sind leicht vereinheitlicht, orientieren sich aber möglichst an den Originaleinträgen.

Die farblich hervorgehobenen Wörter in den Texten sind Lemmata[1905]. Unter Umständen werden auch die Erläuterung im Duden angegeben – hier: »(gr.[iechisch]); das ›Genommene‹; Aufschrift, Lehnsatz«. Verwendungsbeispiele und weitere Informationen wie das Blaue vom Himmel[1934] werden wie das Lemma selbst, in diesem Fall das schon früher verzeichnete Blaue[1915], behandelt. Die hochgestellten Zahlen geben das Jahr der Dudenauflage an, in der das Lemma zuerst aufgenommen wurde: In den Beispielen handelt es sich um die 8. Dudenauflage von 1905, die 9. Dudenauflage von 1915 und die 11. Dudenauflage aus dem

Jahr 1934. Berücksichtigt werden dabei nur die jeweiligen Erstausgaben, nicht die unzähligen Nachdrucke.

Lemmata aus den ostdeutschen Dudenausgaben in der Zeit der deutschen Teilung, als zwei Parallelverlage in Ost und West jeweils die Auflagenzählung ab der 13. Auflage von 1947 fortführten, sind wie bei Disko[1980/L1985] mit einem [L] markiert, gegebenenfalls ergänzt um eine Angabe zur Aufnahme im westdeutschen Duden. Dass nur die Leipziger Ausgaben besonders gekennzeichnet sind, soll kein Fall von Othering[2024] sein: Um Schriftbild und Lesefluss nicht unnötig zu stören, sind die Zusatzangaben auf ein Minimum reduziert. Der Westduden aber hatte im Vergleich sehr viel mehr Stichwörter als der Ostduden, überholte diesen mit seiner 19. Auflage und bildete daher später auch die Grundlage für den ›Einheitsduden‹ von 1991. Es macht also Sinn, hier der Einfachheit halber nur die DDR-Auflagen hervorzuheben und auf eine Kennzeichnung mit [M] für Mannheim zu verzichten – zumal die erste westdeutsche Auflage als Verlagsort Wiesbaden hatte, was noch ein verwirrendes [W] nötig gemacht hätte.

Man mag es kaum glauben, aber die Grundlage dieses Buchs bildet keine digitale Datenbank. Am Anfang gab es nur eine recht übersichtliche Liste mit Lemmata hauptsächlich aus der Gegenwart. So mussten über Wochen und Monate mehr als 30 Dudenbände, viele davon echte Raritäten und sehr fragil, immer wieder durchblättert werden, um die Erstaufnahme eines Stichworts und – besonders tückisch – gelegentlich auch sein Verschwinden und Wiederauftauchen herauszufinden. Allen, die mir dabei mit endloser Geduld geholfen haben, danke ich sehr!

Dudenauflagen im Überblick

150 Jahre deutsche Sprach- und Kulturgeschichte

Diese Übersicht zeigt die bisherigen Dudenauflagen und die Jahreszahl ihres Erstdrucks. Das L vor den Jahreszahlen der DDR-Ausgaben steht für »Leipziger Duden«.

(›Schleizer Duden‹	1872)	
1. Auflage	1880	
2. Auflage	?	
3. Auflage	1887	
4. Auflage	1893	
5. Auflage	1897	
6. Auflage	1900	
7. Auflage	1902	
(›Buchdruckerduden‹	1903)	
8. Auflage	1905	
9. Auflage	1915	
10. Auflage	1929	
11. Auflage	1934	
12. Auflage	1941	
13. Auflage	1947	
14. Auflage	DDR	L1951
	BRD	1954
15. Auflage	DDR	L1957
	BRD	1961
16. Auflage	BRD	1967
	DDR	L1967
17. Auflage	BRD	1973
	DDR	L1976
18. Auflage	BRD	1980
	DDR	L1985
19. Auflage	BRD	1986
20. Auflage (›Einheitsduden‹)	1991	
21. Auflage	1996	
22. Auflage	2000	
23. Auflage	2004	
24. Auflage	2006	
25. Auflage	2009	
26. Auflage	2013	
27. Auflage	2017	
28. Auflage	2020	
29. Auflage	2024	

Von der Ottographie zur Orthographie

Die deutsche Reichsgründung und der erste »Duden« – oder doch der zweite?

> Der Stand der »Orthographischen Frage« hat sich seit dem Erscheinen der vorigen Auflage dieses Buches zu Anfang des Jahres 1900 wesentlich verändert. Mußte ich mich damals damit begnügen, am Schluß des Vorwortes die *Hoffnung* auszusprechen, »es werde dem unerträglichen Übelstand, daß die jungen Leute die Rechtschreibung, die sie in der Schule haben *lernen müssen*, nicht *anwenden dürfen*, wenn sie in den Staatsdienst treten, in absehbarer Zeit ein Ende gemacht werden«, so darf ich heute der lebhaften Freude Ausdruck geben, daß es den vereinten Bemühungen der Reichsbehörden, der deutschen Bundesregierungen und besonders des preußischen Unterrichtsministeriums gelungen ist, ein noch viel höheres Ziel zu erreichen. Die Regierungen haben nämlich auf Grund der Beschlüsse der »Orthographischen Konferenz«, die vom 17. bis zum 19. Juni 1901 in Berlin getagt hat, wirklich und wahrhaftig eine einheitliche Rechtschreibung für das ganze Deutsche Reich geschaffen. [Hervorhebungen im Original, DB]

Für einen preußischen Geheimen Regierungsrat – so wie man ihn sich vorstellt: korrekt zugeknöpft, gepflegter Bart und Brille – geradezu euphorisch leitet Dr. Konrad Duden (1829–1911) das Vorwort der 7. Auflage seines »Orthographischen Wörterbuchs der deutschen Sprache« von 1902 ein. Sein ganzes Berufsleben war Duden bestrebt gewesen, die deutsche Rechtschreibung zu vereinheitlichen. Dabei orientierte er sich an praktischen Erwägungen aus seinem Alltag als Lehrer und Schuldirektor zunächst in Soest, dann in Schleiz und zuletzt in Hersfeld.

In Schleiz traf Duden auf eine typische Situation: Jeder Lehrer unterrichtete seine eigene Rechtschreibung. Duden diskutierte das Problem im Kollegium und stellte ein kleines Buch zusammen, den sogenannten Schleizer Duden, mit knapp 6.000 Lemmata, der 1872 unter dem Titel »Die deutsche Rechtschreibung. Abhandlung, Regeln und Wörterverzeichniß mit etymologischen Angaben« in Leipzig im Verlag B. G. Teubner erschien und vor allem schwierig zu schreibende Ausdrücke enthielt. Diese und andere Veröffentlichungen Dudens erregten die Aufmerksamkeit der preußischen Schulverwaltung, und 1876 nahm er auf Einladung des preußischen Kultusministers an der *Ersten Orthographischen Konferenz* teil, zu der sich auch Vertreter des Deutschen Buchdruckervereins und des Deutschen Buchhändlerverbands sowie Delegierte aus Baden, Württemberg und Bayern einfanden.

Über Jahrhunderte hatten sich die Schreibweisen des Deutschen in seinen verschiedenen mundartlichen Ausprägungen zunehmend angeglichen. Von Schriftstellern, Sprachforschern und Lexikografen wie Justus Georg Schottelius (1612–1676), Johann Christoph Gottsched (1700–1766) und Johann Christoph Adelung (1732–1806) waren wichtige Impulse ausgegangen hin zu allgemeingültigen deutschen Schriftnormen. Von einem eindeutigen Regelwerk war man aber auch in der zweiten Hälfte des 19. Jahrhunderts noch weit entfernt. In akademischen Kreisen standen sich zwei Positionen gegenüber: Auf der einen Seite die als *Leffel*-Partei verspottete ›historische Schule‹, die im Rückgriff auf Jacob Grimm eine Schreibweise auf Basis des durch die Sprachentwicklung längst überholten Mittelhochdeutschen einführen wollte, wobei zum Beispiel der titelgebende Löffel[1880] als *Leffel* zu schreiben gewesen wäre, obwohl *ö* gesprochen wird. Und auf der anderen Seite die *fi*-Partei, benannt nach der angestrebten Schreibweise des Wortes Vieh[1880] in einer rein phonetischen Form. Konrad Duden als Mann der Praxis lehnte die ›historische Schule‹ als rückwärtsgewandt und elitär ab: »Die Schrift ist nicht für die Gelehrten, sondern für das ganze Volk da […], und dieses verlangt nichts weiter von der Schrift, als daß sie genau, und daß sie leicht zu handhaben sei« Obwohl der phonetischen Lösung zuneigend, war der Pragmatiker Duden jedoch zu weitgehenden Kompromissen und Übergangslösungen bereit. So plädierte er unter anderem für eine erst allmähliche Durchsetzung einer einfacheren Schreibung von Wörtern in verschiedenen Varianten wie bei Sofa[1880]/Sopha[1880] und eine Eindeutschung der Schreibweise von Fremdwörtern wie bei Büro[1915] statt Bureau[1880].

Die Reichsgründung 1871 brachte das Dilemma der verschiedenen Schreibweisen noch deutlicher ins öffentliche Bewusstsein. Der 1815 nach den Napoleonischen[1880] Kriegen gegründete Deutsche Bund aus einer Vielzahl im Prinzip souveräner Fürstenstaaten sowie einigen freien Städten war eine Kompromisslösung, die niemanden so recht befriedigte. Der Wunsch nach nationaler[1880] Einheit und Überwindung des Partikularismus[1880] blieb lebendig, selbst nachdem ein erster Anlauf unter demokratischen[1880] Vorzeichen in der Revolution[1880] von 1848/49, in der sich auch Duden als junger Student engagiert hatte, gescheitert war. Der Dualismus[1880] zwischen Preußen und Österreich, den mächtigsten Gliedern des Deutschen Bundes, und die damit einhergehende Frage einer nationalen Vereinigung im Sinne einer großdeutschen[1915] (unter Einschluss der Habsburgermonarchie) oder kleindeutschen (unter preußischer Hegemonie[1880]) Lösung wurde im Deutschen Krieg[1893] von 1866 zugunsten der Preußen entschieden. Der Deutsch-Französische Krieg[1915] von 1870/71 führte schließlich zur Kaiserproklamation im Spiegelsaal von Versailles[1929] vor den Toren Paris': Der deutsche Nationalstaat, das Deutsche Reich[1880] mit dem König von Preußen als deutschem Kaiser[1880] und seinem preußischen Ministerpräsidenten als Reichskanzler[1880], wurde im Zeichen des Sieges über den ›Erbfeind[1915]‹ Frankreich quasi ›von oben‹ vollendet.

Zu den vielen Baustellen, die noch einer Vereinheitlichung

bedurften – so wurde etwa die Mark[1880] bis 1876 als Reichswährung durchgesetzt und im Bereich der Justiz 1879 ein Reichsgericht[1915] als oberste Instanz festgelegt – gehörte auch die deutsche Orthographie[1880]/Orthografie[1996]. Doch die Vorschläge der *Ersten Orthographischen Konferenz* stießen auf heftigen Widerstand von konservativer Seite, der an die erhitzten Sprachdebatten der Gegenwart erinnert. In der Folge gaben besonders die größeren deutschen Teilstaaten sowie Österreich zunächst eigene Regelwerke zur Rechtschreibung heraus.

In den preußischen Vorschriften sah Konrad Duden, wie immer um realistische Lösungen bemüht, die größten Chancen, dass von ihnen eine gesamtdeutsche Vereinheitlichung ausgehen könnte, schließlich war Preußen der größte und mächtigste Gliedstaat des Reichs und beheimatete allein mehr Deutschsprachige als der Vielvölkerstaat[1929] der Habsburger. Ausgehend von dem preußischen Regelbuch, aber auch Bestimmungen etwa aus Bayern berücksichtigend, brachte Duden, der mittlerweile in den preußischen Schuldienst gewechselt war, im Jahr 1880 das »Vollständige Orthographische Wörterbuch der deutschen Sprache« heraus. Dieser erste offizielle »Duden« erschien im Verlag Bibliographisches Institut, der im Grunde bis heute die Dudenauflagen begleitet.

Konrad Dudens Wörterbuch fand schnell Verbreitung, nicht nur an Schulen, sondern auch unter Druckern, Setzern und Korrektoren. Die große Nachfrage machte immer neue Auflagen und stets erweiterte Überarbeitungen notwendig, mit denen Duden sich bis zu seinem Tod persönlich beschäftigte. Die 1. Auflage umfasst ungefähr 28.000 Lemmata. Die 4. Auflage von 1893 nahm mundartliche Ausdrücke aus der Literatur auf ebenso wie Fachbegriffe etwa aus Technik und Landwirtschaft. Die 5. Auflage ergänzte 1897 Ausdrücke aus der Seefahrt, die 6. von 1900 Begriffe aus Justiz und Militär.

Doch wie von Konrad Duden im einleitenden Zitat beklagt, durfte die in den Schulen vermittelte Rechtschreibung zunächst nicht im preußischen Staatsdienst angewandt werden. Der deutsche Reichskanzler und preußische Ministerpräsident Otto von Bismarck ließ die in der Schule gültige Orthografie »bei gesteigerten Ordnungsstrafen« in der Verwaltung verbieten. Hier hatte man der ›Ottographie‹ zu folgen, wie sich hinter dem Rücken des ›Eisernen Kanzlers‹ über dessen konservative Haltung lustig gemacht wurde.

König Wilhelm I. von Preußen, der erste deutsche Kaiser, hatte seinem Ministerpräsidenten und Kanzler Bismarck weitgehend freie Hand gelassen. Auf dieses Zusammenwirken und die Führungspersönlichkeit Bismarcks waren die Reichsverfassung und das politische System des Reichs wesentlich ausgelegt. Schwierigkeiten traten jedoch auf, als nach dem kurzen Zwischenspiel des liberal gesinnten, aber schwer kranken Kaisers Friedrich III. im sogenannten Dreikaiserjahr 1888 der junge Wilhelm II. seinem Vater auf den Thron folgte und alsbald mit dem altgedienten Kanzler in Streit geriet. Am Ende musste Bismarck 1890 zurücktreten, und der ambitionierte Wilhelm II. nahm in den folgenden Jahren starken Einfluss auf die Politik, was das Reich in immer unruhigere Fahrwasser führte. Konrad Duden immerhin bedachte Bismarck[1893], seinen Gegenspieler in der »Orthographischen Frage«, schon in der dem Rücktritt des Kanzlers folgenden 4. Auflage mit einem ersten knappen Eintrag.

Allerdings fehlen in den Dudenauflagen der Kaiserzeit zeitgenössisch gebräuchliche, aber kontroverse Stichwörter wie Arbeiterbewegung[L1967/1980] und Dreiklassenwahlrecht[L1957/1967], die orthografisch nicht weniger anspruchsvoll sind als andere Zusammensetzungen wie Arbeitgeber[1915] oder Dreikaisersaal[1915] – ein simpler Festsaal in einem Bonner Hotel. Immerhin schaffte es der Kulturkampf[1915–1934/1961] zur lange zurückliegenden Auseinandersetzung Bismarcks mit der katholischen Kirche für einige Auflagen in den Duden, um dann 1941 – während das NS-Regime Konflikte mit den Katholiken vermeiden und offenbar auch nicht daran erinnert wissen wollte – zunächst wieder zu verschwinden. Konrad Duden selbst nennt im oben zitierten Vorwort unter anderem den patriotisch um Sprachreinigung bemühten Allgemeinen Deutschen Sprachverein, die Felddienstordnung[1902] und die Militärstrafgerichtsordnung sowie das erst 1900 in Kraft getretene Bürgerliche Gesetzbuch als wichtige Quellen seiner Arbeit. In diesem Setting ist wohl auch die Erläuterung zur Socialdemokratie[1887]/Sozialdemokratie[1902], immerhin seit 1890 stimmenstärkste Partei bei Reichstagswahlen, zu verorten: »nach Umsturz der gesellschaftlichen Ordnung strebende Partei«, was erst 1915 zu »polit. Partei« neutralisiert wird. Bismarcks sogenanntes Sozialistengesetz wiederum, das zwischen 1878 und 1890 linke Vereinigungen und Schriften verbot und als Schlagwort verbreitet war, ist nicht zu finden – sollte man es mit c oder z schreiben?

Die von Konrad Duden gepriesene *Zweite Orthographische Konferenz* legte 1901 schließlich eine deutsche Rechtschreibung auf Basis der preußischen und der davon kaum abweichenden bayerischen Schulorthografien fest. Vertreter Österreichs schlossen sich an, die Schweiz hatte ohnehin schon 1892 die Schreibweise des Duden als verbindlich anerkannt. Selbst in den deutschen Schulen Nordamerikas galt sein Wörterbuch als maßgebend, wie Konrad Duden ausführt. Als Kompromiss bestanden vor allem für Fremdwörter noch mehrere Varianten weiter. Es waren die Buchdruckervereine aus Deutschland, Österreich und der Schweiz, die hier weitere Fortschritte vorantrieben, und unter Mithilfe Konrad Dudens entstand 1903 der sogenannte Buchdruckerduden, der die unterschiedlichen Schreibweisen von Wörtern weitgehend beseitigte. Im Jahr 1909 vereinbarte Konrad Duden mit dem Bibliographischen Institut eine Zusammenführung und Erweiterung des klassischen Duden mit dem Buchdruckerduden. Dieses Werk, als 9. Auflage gezählt, erschien 1915 nach dem Tod Konrad Dudens und trug erstmals seinen Namen: »Duden. Orthographisches Wörterbuch der deutschen Sprache«. »Der Große Duden« folgte schließlich als 10. Auflage 1929. Duden[1915] war zu einer Institution geworden und wird entsprechend im Wörterbuch selbst aufgenommen als »Fn. [Familienname]« und »Rechtschreibbuch«; ab 1929 heißt es spezifischer »dtsch. Sprachgelehrter«. Die DDR-Ausgaben behalten das Stichwort bei, in den westdeutschen Auflagen wird es zuletzt 1954 aufgeführt – Understatement[1967] kannte man in der Mannheimer Dudenredaktion da aber noch nicht.

Ein bis heute ungelöstes Mysterium[1880] ist der Verbleib der 2. Auflage des Duden. Ein Belegexemplar[1905] hat sich nicht erhalten – ungewöhnlich bei der schon damals weiten Verbreitung des Wörterbuchs. Das Werk, das 1880 erstmals im Leipziger Verlag Bibliographisches Institut erschien, machte zunächst noch keine Angaben zur Auflagenzahl. Die umgearbeitete und vermehrte Auflage von 1887 wurde dann als dritte angeführt. Möglicherweise hatte man dabei einen Nachdruck der 1. Auflage mitgezählt. Einer anderen Theorie zufolge könnte damals der sogenannte Schleizer Duden stillschweigend als eigentliche 1. Auflage gewertet worden sein, die aber von einem anderen Verlag 1872 herausgebracht worden war. Später habe dann das Bibliographische Institut[1929–1996], das sich ab der 10. Auflage auch durch ein eigenes Lemma vertreten ließ, aus Gründen des Renommees[1880] und im Nachhinein die allererste Auflage eines »Duden« für sich reklamiert.

Skandal und Maidenspeech

Wilhelminische Widersprüche: Politik und Gesellschaft im Kaiserreich

Als die Leserinnen und Leser im November 1906 die neuesten Ausgaben der »Zukunft« durchblätterten, entfaltete sich vor ihnen einer der größten Skandale der deutschen Geschichte – heute fast vergessen oder ins Anekdotenhafte entpolitisiert, damals jedoch international genüsslich wahrgenommen und weitergetragen. Maximilian Harden, Herausgeber und eifrigster Beiträger seiner weit über die deutschen Grenzen hinaus rezipierten Wochenzeitschrift – gebildete internationale Kreise beherrschten selbstverständlich neben Französisch auch Deutsch – berichtete mit vielen Andeutungen, die Eingeweihte sofort verstanden und alle anderen umso neugieriger machten, über das engere Umfeld Wilhelms II., des deutschen Kaisers und Königs von Preußen.

Unter Verwendung von Tarnnamen drohte Harden zwei engen Freunden des Herrschers, Philipp Fürst zu Eulenburg (»der Harfner«) und Kuno Graf von Moltke (»der Süße«), mit der Veröffentlichung von kompromittierenden Briefen, in denen auch der Kaiser (»das Liebchen«) erwähnt werde. Dabei waren die Artikel mit den bezeichnenden Überschriften »Praeludium« (= Vorspiel) sowie »Dies irae« (= Tage des Zorns, als Anspielung auf das Jüngste Gericht) nur der Auftakt zu einer gezielten Pressekampagne gegen eine vermeintliche Kamarilla[1880] von homosexuellen[1915] Höflingen[1880] und Pazifisten[1929] mit allzu großem Einfluss auf das sogenannte persönliche Regiment Wilhelms II. jenseits der parlamentarischen Strukturen. Hardens Kritik zielte dabei vor allem auf den Sturz Eulenburgs ab, dem er eine seiner Meinung nach zu kompromissbereite und frankreichfreundliche Außenpolitik anlastete.

Zeitgenossinnen und -genossen war sofort klar, welche Sprengkraft dieses Outing[1996] *avant la lettre* entfaltete und dass das Ansehen der Monarchie und des Reichs auf dem Spiel standen. Die aktuelle Geschichtsschreibung zieht Parallelen zur Dreyfus-Affäre, die einige Jahre zuvor Frankreich auf eine innere Zerreißprobe gestellt hatte, als rechte Kreise in Militär, Politik und Justiz den jüdischen Offizier Alfred Dreyfus gegen offenbare Beweise wegen Spionage verurteilt hatten.

Aus Götterhimmel und Gossensprache: Bezeichnungen für queere[2017] Menschen

2004	Gay	ugs. für Homosexueller
1973	Homo	ugs. für: Homosexueller
1915	Homosexualität	Gleichgeschlechtlichkeit
1986	Homosexueller	–
1941	invertiert	(geschlechtlich) verkehrt (empfindend)
1915	Kinäde	Urning
1941		Päderast, Weichling
1967		Päderast, Weichling, Lüstling
1973		männl. Hetäre im alten Griechenland, Päderast
1915	Lesbierin	–
1991		homosexuell veranlagte Frau
2013–		seltener für Lesbe
1980	Lesbe	ugs. für: Lesbierin
2000		ugs. u. Selbstbezeichnung für Lesbierin
2013 –		ugs. u. Selbstbez. für homosexuell veranlagte Frau

2024	LGBTQ+	umfasst alle nicht dem heteronormativen Mann-Frau-Konzept entsprechenden Personen
2017	queer	einer anderen als der heterosexuellen Geschlechtsidentität zugehörig
1967	Schwule	derb für: Homosexueller
1986		ugs. für: Homosexueller
2000		ugs. u. Selbstbez. für Homosexueller
1915	Tribade	widernatürliche Unzucht treibendes Weib
1929		lesbischer Liebe ergebene Frau
1991		veraltet für Lesbierin
1905	Tunte	affektierte, zimperliche Person
1915		ma.: zimperlicher Mensch
1934–1967		fehlt
1973		ugs. abschätzig für: langweilige, dumme Person, bes. Frau
1980		ugs. abschätzig für: langweilige, dumme Person, bes. Frau; Homosexueller
1986		ugs. abschätzig für: Frau, Homosexueller
1991		ugs. für Frau; Homosexueller mit femininem Gebaren
1934	Uranismus	[1954:] nach Uranos, dem Vater der ohne Mutter geborenen Urania; Homosexualität
1967	Uranist	Homosexueller

1902	Urning	angeblich von (Venus) Urania; Knabenschänder
1905		Anhänger der Knabenliebe
1929		Anhänger der Männerliebe
1934		der gleichgeschlechtlichen Liebe Verfallener
1967		svw. Uranist

Nicht zuletzt das ungeschickte Krisenmanagement des Kaisers und seines Kanzlers Bernhard von Bülow führte zu einer Welle von Sensationsprozessen – beobachtet von zahlreichen Auslandskorrespondenten –, die die Aufmerksamkeit und öffentliche Empörung nur noch vergrößerten. Im Sommer 1909, nach drei Jahren und einem Nervenzusammenbruch Wilhelms II., endeten die Auseinandersetzungen mit einer Reihe von Absprachen zwischen Harden und seinen Gegnern, während ein Verfahren gegen Eulenburg wegen Meineids aus Rücksicht auf dessen Gesundheit auf unbestimmte Zeit ausgesetzt wurde.

In der ganzen Affäre offenbarten sich wie unter einem Brennglas die Widersprüche von Politik und Gesellschaft des deutschen Kaiserreichs[1915] vor dem Ersten Weltkrieg – in der Rückschau wilhelminisches Zeitalter[1929] »nach Kaiser Wilhelm II. benannt«, wie die 10. Dudenauflage erläutert. Einerseits war das Land auf vielen Gebieten führend, etwa in der Medizin, den Naturwissenschaften oder im Bereich der technischen Innovationen; wirtschaftlich hatte es Großbritannien, das Mutterland der Industriellen Revolution, überholt. Das deutsche Bildungswesen genoss einen hervorragenden Ruf; Musik, Literatur und Philosophie erhielten wichtige Impulse. Frauenbewegung und Lebensreform stießen gesellschaftliche Veränderungen an, und selbst die moderne Homosexuellenbewegung hatte hier ihren Ursprung. Demgegenüber standen ein rückwärtsgewandtes politisches System und überkommene Strukturen, die den alten Eliten[1880] und allen voran dem deutschen Kaiser und König von Preußen einen großen Einfluss auf die Staatsführung einräumten. Nicht nur Frauen waren vom Wahlrecht ausgeschlossen: In Preußen, dem größten Teilstaat des Reichs, sorgte ein Dreiklassenwahlrecht auf Landesebene für eine Bevorzugung wohlhabender konservativer Wähler[1880] und ihrer Interessen; hinzu kam eine Wahlkreiseinteilung, die die großen Industriestädte und die dort dominierende Socialdemokratie[1887]/Sozialdemokratie[1902] benachteiligte – *gerrymandering* auf preußisch. Es wundert daher nicht, dass einige Begriffe des politischen Alltagsgeschäfts als Anglizismen[1902] beziehungsweise Lehnwörter[1915] aus dem fortschrittlicheren britischen System übernommen werden mussten und so ihren Weg in die zeitgenössischen Dudenausgaben fanden.

Politische Wörter nach Vorbild des britischen Parlamentarismus[1880]

1880	Budget
	Komitee
	Legislatur
	Parlamentarismus
1887	Maidenspeech
1897	Caucus
	Parlamentarier
1915	Suffragette

Die erst 1871 verwirklichte deutsche Reichsgründung unter Ausschluss Österreichs war durch Kriege erreicht worden, dementsprechend groß war die Bedeutung der Armee[1880] und neuerdings der Marine[1880] – ein Steckenpferd[1915] des Kaisers. Drill[1902], Korpsgeist[1902] und generell die Idealisierung alles Soldatischen[1880] war ein prägendes Element der Kaiserzeit; Byzantinismus[1880] und Militarismus[1880] gingen Hand in Hand – literarisch festgehalten in »Der Untertan« von Heinrich Mann aus dem Jahr 1914. Nach außen trat das Deutsche Reich unter Wilhelm II. im Streben nach Weltgeltung zunehmend aggressiv[1880] auf. Chauvinistisch[1880] fühlte man sich anderen Nationen auch moralisch[1880] weit überlegen – umso stärker erschütterte der Eulenburg-Skandal das Selbstverständnis der Elite und ihre Normen deutscher Männlichkeit[1915].

Die gesellschaftlichen und politischen Spannungen, die sich in sensationellen Prozessen entluden, waren ein Zeitphänomen und dies, wie schon der Vergleich mit der Dreyfus-Affäre zeigt, nicht nur im Deutschen Reich. Hier waren dem Eulenburg-Skandal andere Enthüllungen in der deutschen Führungsschicht vorausgegangen, wie in den 1890er-Jahren, als sexuelle Ausschweifungen unter Angehörigen des Kaiserhofs publik wurden, oder 1902 die Veröffentlichungen zum Privatleben Friedrich Alfred Krupps, in deren Folge sich der Industrielle das Leben nahm. Entsprechende Bezeichnungen finden sich bereits im ersten Duden, etwa Affaire[1880], Sensation[1880] und Skandal[1880].

Doch gerade in der Skandalberichterstattung befeuerte die moderne Massenpresse eine zunehmend obrigkeitskritische Öffentlichkeit und begründete ihren Einfluss als »Vierte Gewalt«, der Kaiser und Regierung zum Teil völlig verständnislos gegenüberstanden. Schon im ersten, im Umfang noch sehr knappen Duden finden sich unter den ausgewählten Einträgen zahlreiche Begriffe aus diesem Bereich.

Medienbegriffe in Dudenausgaben der Kaiserzeit

1880	Feuilleton
	Feuilletonist
	Journalist
	Kladderadatsch ([1915:] »Krach«; Name eines Witzblattes)
	Korrespondent
	Publizist
	publicieren/publizieren
	Redacteur/Redakteur
	Redaction/Redaktion
	Reporter
1887	Interview
1915	Chefredakteur
	Leitartikel
	Pressefreiheit
	Revolverpresse
	Simplizissimus (»Einfältigster«; Roman; Zeitschrift)

Selbst die bekanntesten satirischen[1880] Witzblätter[1915] des Deutschen Reichs, die von 1848 beziehungsweise 1896 bis 1944 wöchentlich erscheinenden Zeitschriften »Kladderadatsch[1880]« und »Simplizissimus[1915]«/»Simplicissimus[1954]«, werden als eigene Lemmata geführt. Sie erreichten mit Karikaturen[1880] und Spottgedichten[1915] ein größeres Publikum als manche ›seriöse‹ Zeitschrift. Entsprechend dünnhäutig reagierte die Obrigkeit und lenkte damit noch größere Aufmerksamkeit auf strittige Angelegenheiten. Ganze Auflagen wurden beschlagnahmt; Herausgeber, Redacteure/Redakteure[1880], Autoren[1880] und Karikaturisten[1880] mussten sich in Prozessen wegen Majestätsbeleidigung[1915] verantworten, flohen ins Ausland, saßen Haftstrafen ab oder mussten gar, von beleidigten Aristokraten gefordert, in Duellen[1880] die Pressefreiheit[1915] mit Leib und Leben verteidigen – ein vielsagender Anachronismus[1880] der Kaiserzeit.

In einem Extrablatt[1915] zum Prozess zwischen Harden und Graf Moltke reimt der »Simplicissimus« im November 1907:

Harden
Für Licht und Wahrheit und fürs Vaterland
Sieht man ihn ringen
Und edel-bleich mit kunstgeübter Hand
Den Flamberg [Flammenschwert, DB] schwingen.

Er senkt in manchen hochgestellten Topf
Voll übler Gase
Den kritisch scharfen, unentwegten Kopf
Und rümpft die Nase.

Nur eine Losung kennt er, blank und hell:
Pro patria mori [fürs Vaterland zu sterben, DB]!
Mißlingt's von vorn, gelingt's eventuell
A posteriori [im Nachhinein, hier: von hinten, DB].

Dass der Eulenburg-Skandal heute, etwa im Vergleich zur Dreyfus-Affäre, wenig bekannt ist, mag damit zusammenhängen, dass sich keiner der Beteiligten als eindeutig positive oder negative Projektionsfläche eignete. Eulenburg und Harden überlebten das Ende des Kaiserreichs nicht lange: Der gesellschaftlich geächtete Fürst starb krank und gebrochen im Jahr 1921; Harden gab seine bellizistischen Positionen im Verlauf des Weltkriegs auf, sah sich später antisemitischen[1887] Anfeindungen bis hin zu einem Mordversuch ausgesetzt, stellte »Die Zukunft« ein und zog sich in die Schweiz zurück, wo er 1927 verstarb. Wilhelm II. hingegen verbrachte die letzten 23 Jahre seines Lebens bis 1941 in einem komfortablen Exil[1880] in den Niederlanden.

Creepy Onesie-Hater

Denglisch im Duden

1880	Dandy
1887	Chic
	Diva
	Interview
	Maidenspeech
1887	Rowdy
	Sport
1893	fit
	Trainer
1902	Spray
1915	Doping
	fair
	Garage
	kicken
	Team
	Tip[p]
1929	Baseball
	Foul
	Jazz
	Lobby
1934	Couch
	Flapper
1941	Camping
	Container
	Cup
	Shampoo
	sprayen
1954	Coca-Cola
	Hobby
	O. K.
	okay
1961	Bikini
	Blue jeans
	Caravan
	Comeback
	Fan
	Job
	Petticoat
	Playboy
	Rock and Roll
	Sex
	Show
1967	Beat
	Collage
	Computer
	Happening
	Hitparade
	Image
	Park-and-ride-System

twisten
Understatement
1973 checken
Design
Establishment
1980 cool
Kettcar
T-Shirt
1986 Highlight
Rap
relaxen
Shooting-Star
1991 Carport
Laptop
Megabyte
Performance
1996 Bungeejumping
Cyberspace
Event
Handy
Inliner
Internet
outen
Update
2000 Backstage
briefen
Burn-out-Syndrom
Comedy
Denglisch
Download
FAQ
highlighten
Log-in
mailen
Outsourcing
Shareholder-Value
Smiley
Trash
Upgrade
Voicemail
Website
2004 all-inclusive
Baggypants
bladen
Body-Mass-Index
Buzzer
casten
chillen
Coverband
Dialer
E-Book
Engineering
Fingerfood
Flatrate
Fundraising
Gangsta-Rap
googeln
Headbanging

Late-Night-Show
Making-of
Multitasking
Networking
Nordicwalking
Outtake
performen
Poetryslam
Prequel
Qualifying
Realityshow
Roadmap
Slot
Slowfood
Smartphone
Stalking
traden
undercover
Webdesign
Win-win-Situation
Wonderbra

2006 anteasen
bloggen
Castingshow
Celebrity
Coming-of-Age-Film
Cross-Selling
defaultmäßig
Disclaimer
Dresscode
Facelift
Get-together
Hedgefonds
podcasten
Scan
Security
To-do-Liste
upgraden
USB-Stick
voten
Weblog

2009 Biopic
downshiften
Homie
Personal Trainer
Singer-Songwriter
slammen
Waxing

2013 Binge-Drinking
E-Bike
Feed
Onlinedating
Shitstorm
unsexy

2017 containern
ever
fancy

Hashtag
Hoodie
Livestream
Low Carb
Mockumentary
Newsdesk
offshore
Onesie
Playlist
Posting
Reminder
Roadtrip
Runner’s High
Slackline
Streetfood
taggen
tracken
Work-Life-Balance
2020 Bodyshaming
Co-Working-Space
Deepfake
Detox
Gamification
Gender-Pay-Gap
Hater
Homeoffice
Influencer
Influencerin
Lifehack
Lockdown
Meme
Parklet
reporten
Sexting
spooky
Whataboutism
2024 Bucketlist
Button-down-Hemd
Care-Arbeit
Chatbot
Cliffhanger
connecten
creepy
cringe
Crumble
daten
Diversity
empowern
Fanbase
Fistbump
framen

Kolonie, Kautschuk und Kilimandscharo

Deutsche Kolonialgeschichte: kolonial, dekolonial, postkolonial

Sie suchen noch nach einem Geschenk für Ihre Liebsten und wollen sich zugleich im postkolonialen Diskurs positionieren? Wie wäre es mit der Spitze des Kilimandscharo? Zumindest als Replik, »Skrupel« genannt. Diese bietet die Künstlergruppe PARA unter dem Motto »Berge versetzen« im Verein mit dem Leipziger Grassimuseum für Völkerkunde für an. Der Erlös der Skrupel soll in den Rückkauf der originalen Kilimandscharo-Spitze fließen oder zumindest einer Hälfte der Spitze; die andere gilt seit dem Zweiten Weltkrieg als verschollen. Nach Deutschland gelangte der Lavabrocken im Gepäck von Hans Meyer, einem Forschungsreisenden aus Leipzig. Er gilt als Erstbesteiger des Kilimandscharo, dessen höchstem Gipfel er den Namen Kaiser-Wilhelm-Spitze gab. Übrigens gründeten und leiteten Meyers Großvater und Vater und schließlich er selbst mit seinem Bruder das Bibliographische Institut, in dem nicht nur das große »Meyers Konversations-Lexikon« und seine Ableger erschienen, sondern seit 1880 auch der »Duden«. Einen Teil der Spitze schenkte Meyer dem Namenspatron Kaiser Wilhelm II.; angebracht in einem Saal des Potsdamer Neuen Palais verschwand der Stein nach 1945. Die zweite Hälfte diente Meyer als Briefbeschwerer; aus seinem Nachlass gelangte das Souvenir schließlich an ein Wiener Antiquariat, von dem es das PARA-Kollektiv kaufen und nach Afrika zurückbringen möchte. Um die Dringlichkeit ihres Anliegens zu unterstreichen, schlugen Mitglieder der Gruppe zudem den höchsten Zipfel der Zugspitze ab, der erst nach der Restitution des Kilimandscharo-Brockens auf den höchsten Punkt Deutschlands zurückkehren soll.

Die Zugspitze[1929] war offenbar erst in der Weimarer Republik interessant genug für den Duden, als sie den Kilimandscharo[1902] als höchsten ›deutschen‹ Berg wieder abgelöst hatte. Das Vulkanmassiv im Norden von Tansania, dem früheren Deutsch-Ostafrika, erscheint erstmals in der 7. Dudenauflage so wie andere geografische Begriffe aus dem deutschen kolonialen Kontext, etwa Kamerun[1902], Sansibar[1902] und Togo[1902]. Das deutsche Pachtgebiet in China, Kiautschau[1900], ist schon früher dabei; später folgen die orthografisch weniger anspruchsvollen Deutsch-Neuguinea[1905], Deutsch-Ostafrika[1905] und Deutsch-Südwestafrika[1905]. Tsingtau[1915], die Hauptstadt von Kiautschau, wird in der 9. Auflage verzeichnet. Die dort im Jahr 1903 gegründete Germania-Brauerei, mittlerweile in *Tsingtao* umbenannt – immerhin eine Variation des alten deutschen Namens der Stadt –, zählt heute zu den größten Bierproduzenten Chinas und der Welt.

Kilimandscharo[1902] – Berg des bösen Geistes

1902	Kilima Adscharo, Kilimandscharo – höchster Berg Afrikas
1905	Kilimandjaro (j ist nach deutscher Weise zu sprechen), Kilimandscharo (amtl. Schreibung im Auswärtigen Amt) – höchster Berg Afrikas
1915	Kilimandjaro[1] – Berg in Afrika Kilimandscharo; s. Kilimandjaro [1] So nach der landesüblichen Aussprache (»j« nach deutscher Weise gesprochen); behördlich noch: Kilimandscharo
1929	Kilimandjaro; s. Kilimandscharo Kilimandscharo – Berg an der Nordostgrenze vom ehm. Deutsch-Ostafrika

1934	Kilimandjaro; s. Kilimandscharo
	Kilimandscharo – höchster Berg Afrikas
1941, 1947, L1951, 1954–heute	Kilimandscharo – höchster Berg Afrikas
L1957–L1985	Kilimandscharo – höchster Berg Afrikas (Kiswaheli, »Berg des bösen Geistes«)
Nie!	Kaiser-Wilhelm-Spitze oder Wilhelmskuppe

Die deutsche Kolonialgeschichte[1934] begann nicht erst mit dem Erwerb eigener Besitzungen in Übersee – hier blieb etwa die brandenburgische Niederlassung Groß-Friedrichsburg im heutigen Ghana um 1700 nur eine kurze Episode. Private Kaufleute und Finanziers vornehmlich aus den Hansestädten und den oberdeutschen Handelsmetropolen wie Augsburg und Nürnberg profitierten seit Beginn der weltweiten europäischen Expansion von Anbau und Handel mit Kolonialwaren[1893] wie Kaffee[1880], Kakao[1880], Muskat[1880], Pfeffer[1880], Tabak[1880], Thee[1880–1905]/Tee[1902] oder Zucker[1880], die sich als längst alltägliche Konsumprodukte schon in der 1. Ausgabe des Duden finden – ebenso wie Sklaven[1880] und Sklaverei[1880], die auch um 1880 noch keine rein historischen Begriffe waren.

Im 19. Jahrhundert nahm der sogenannte Wettlauf um Afrika[1880] unter den Europäern an Fahrt auf; die Sicherung möglichst großer Gebiete als Kolonien[1880] oder Protektorate[1880] war das Ziel. Dabei wurde auf gewachsene Strukturen sowie ethnische und kulturelle Unterschiede keinerlei Rücksicht genommen. International abgesichert wurde das Vorgehen unter anderem auf der Kongo[1893]-Konferenz in Berlin 1884/85, an der die europäischen Kolonialmächte, die USA und das Osmanische Reich teilnahmen. Als ein Ergebnis begründete die Zusammenkunft den Kongo-Freistaat, eine Privatinitiative des belgischen Königs, der ein brutales Regime zur Ausbeutung der Bevölkerung und der natürlichen Ressourcen, vor allem des Kautschuk[1880], errichtete. In der heutigen, von Bürgerkriegen gezeichneten Demokratischen Republik Kongo sind die Folgen der europäischen Kolonisation[1880] geradezu exemplarisch zu beobachten. Zum neuen Fluch des Landes ist nach dem Kautschuk das sogenannte Konfliktmineral Coltan[online] geworden, das für fast alle elektronischen Geräte benötigt wird.

Das Deutsche Reich[1880], das nach der Reichsgründung 1871 erst spät als internationaler Player auf der Weltbühne erschien, strebte wie seine europäischen Nachbarn ebenfalls nach kolonialen Besitzungen. Die Äußerung des damaligen Staatssekretärs des Auswärtigen Amtes, Bernhard von Bülow, zur Kolonialpolitik[1941] im Jahr 1897, »wir verlangen auch unseren Platz an der Sonne«, wurde zur vielzitierten Metapher für das zunehmend aggressive Auftreten der Deutschen. Dabei ging es um politischen Einfluss, wirtschaftliche Ausbeutung und Absatzmärkte – alles unter dem Deckmantel von christlicher Mission und zivilisatorischer Entwicklung. Vor allem aber handelte es sich auch um eine Frage des Prestiges. Tatsächlich waren die deutschen Kolonien für das Reich bis zuletzt insgesamt ein wirtschaftliches Verlustgeschäft – von den katastrophalen Folgen für die Kolonisierten ganz zu schweigen.

Berüchtigt und mittlerweile als Genozid[1973]/Völkermord[1986] anerkannt ist die Niederschlagung von Aufständen der einheimischen Hereros[1905] und Nama[1915] in Deutsch-Südwestafrika zwischen 1904 und 1908, der bis zu 100.000 Menschen zum Opfer fielen. Dass die Bezeichnungen der Volksgruppen so schnell im Duden aufgenommen wurden, deutet auf die Kontroversen hin, die das Vorgehen der Kolonialarmee, Schutztruppen[1915] genannt, in der deutschen Öffentlichkeit auslöste. Ihr Kommandeur hatte 1905 in einem Aufruf den Nama klar mit dem Schicksal der Hereros gedroht, die durch militärische Angriffe und die Vertreibung in die Wüste fast vollständig und offenbar absichtsvoll vernichtet worden waren. Zudem übernahmen die Deutschen die Praxis der Konzentrationslager[1934] für Zivilistinnen und Zivilisten, in die die Briten im benachbarten Südafrika die Boers[1887]/Buren[1893], Siedlerinnen und Siedler niederländischer Herkunft, während des Burenkriegs von 1899 bis 1902 eingepfercht hatten. Selbst Versuche an lebenden Menschen durch deutsche Mediziner nahmen die bevorstehenden Nazi-Gräuel vorweg. Grund für die Aufregung im Reich waren aber nicht zuletzt die hohen Kosten, die die Militäraktion verursachte. Als der Reichstag einen Nachtragshaushalt zur Finanzierung ablehnte, wurden 1907 Neuwahlen ausgerufen, die als ›Hottentottenwahl‹ in die Geschichte eingingen.

Hottentotten[1880] diente als Sammelbezeichnung für Völker im südlichen Afrika, die sich selbst *Khoikhoi*, »Mensch-Menschen« oder »wahre Menschen«, nannten und zu denen die Nama gezählt wurden. Der Begriff wurde von den Buren schon im 17. Jahrhundert geprägt und alsbald ins Deutsche übernommen – hier wie dort mit einer rassistisch-abwertenden Konnotation. Erst der ganz zeitgemäß an völkischen Zusammenhängen interessierte Duden von 1934 spezifizierte die Herero als »Bantuvolk«, die Nama als »Hottentottenstamm«. Während es da die Bantu[1929] als »afrik. Völkergruppe« gerade erst in den Duden geschafft hatten, sind die Hottentotten als lang etablierter Terminus schon in der 1. Auflage zu finden.

Ein weiterer Völkermord, dessen Ursachen zumindest in die deutsche Kolonialzeit zurückreichen, ist der Genozid in Ruanda 1994. Gebietsvereinbarungen in der Folge der Kongo-Konferenz hatten dem Deutschen Reich – unbesehen – die jahrhundertealten Königreiche von Ruanda[1941] und Burundi[1967] zugesprochen. Die überaus komplexen sozialen Strukturen der Staatswesen mit Tutsi[2006]-Eliten an der Spitze wollten sich die Deutschen nur mit einer rassischen Überlegenheit der Tutsi gegenüber den Hutu[2006]-Mehrheiten erklären. Die Unterscheidung zwischen Tutsi und Hutu, die vielerlei Gründe hatte und keineswegs statisch verlief, schrieben erst die Deutschen und die ihnen als Mandatsmacht[1941] folgenden Belgier fest und schürten zum eigenen Machterhalt die Differenzen zwischen den beiden Gruppen.

Die koloniale Herrlichkeit endete mit der deutschen Niederlage im Ersten Weltkrieg; die ehemaligen Besitzungen gingen schließlich als Mandatsgebiete[1934] des 1920 gegründeten Völkerbunds[1929] unter anderem an Belgien, Frankreich, Großbritannien, Japan und die Südafrikanische Union. Interessenverbände im Reich wie die Deutsche Kolonialgesellschaft[1929] drängten jedoch auf eine Restitution. Parallel zum Schlagwort der Kriegsschuldlüge[1929], die die Alleinverantwortung der Deutschen für den Weltkrieg zurückwies, etablierte sich die Kolonialschuldlüge[1934], die »unwahre Behauptung der Ententestaaten [Großbritannien und Frankreich], daß das Deutsche Reich unfähig sei, zu kolonisieren und Kolonien zu verwalten«, wie die 11. Dudenauflage erklärt. Wenigstens erinnerte man sich auch des Askari[1929] – »eingeborener Soldat der ehm. deutschen ostafrik. Schutztruppe«: Einheimische Kämpfer auf deutscher Seite ließen sich gut gegen die Kolonialschuldlüge ins Feld führen und waren ein beliebter Topos in revisionistischen Pamphleten und Liedern der Zeit bis in die 1960er-Jahre. Im Duden harrt der treue Askari noch heute aus.

Die Nationalsozialisten schalteten die kolonialen Lobbygruppen im Reichskolonialbund[1941] gleich, strebten aber vor allem nach Gebietserweiterungen im angrenzenden Osteuropa. Immerhin werden die deutschen Kolonialgebiete im Duden von 1941 ohne Zusätze wie »ehemalige« aufgeführt, aus der Kolonialmacht wird das treusorgende Mutterland[1941] – ein mittlerweile als »verhüllend« bezeichneter Ausdruck –, und schon gestrichene Lemmata wie Deutsch-Neuguinea[1905] tauchen wieder auf. Das Kaiser-

Wilhelms-Land[1905] auf Neuguinea, 1929 ebenso gestrichen wie ähnlich paradiesische Namen für deutsche Südseegebiete wie Neulauenburg[1915], Neumecklenburg[1915] oder Neupommern[1915], war schon 1934 wieder dabei. Allein der Bismarckarchipel[1915] vor Neuguinea überstand als offizielle Bezeichnung alle Zeitläufe und findet sich noch in aktuellen Dudenauflagen.

Für die Kolonien endete die Ausbeutung in der Regel nicht mit ihrer Unabhängigkeit im Zuge der Dekolonisierung[1980]. Diese fand in den 1970er-Jahren mit dem Ende des portugiesischen Kolonialreichs nach erbittert geführten Kolonialkriegen[1973] im Großen und Ganzen ihren Abschluss. Doch die fortbestehende wirtschaftliche Abhängigkeit von den Ländern des ›globalen[1954] Nordens‹ beeinträchtigte die Entwicklungsmöglichkeiten insbesondere der afrikanischen Nationen, während sich gleichzeitig ein eurozentristischer Blick auf die Kolonialzeit und die ehemaligen Kolonisierten hielt – Phänomene, die in den letzten Jahrzehnten durch postkoloniale[2004] Ansätze in verschiedenen Wissenschaftsfeldern in den Blick genommen wurden.

Kritische Bewertungen finden sich einmal mehr auch in den Dudenauflagen der DDR. Hier ist schon 1951 über die Kolonie[1880] zu lesen: »›Ansiedlung‹; Siedelland; ausbeutungshalber unterworfenes (überseeisches) Gebiet«. Zusätzlich zum neuen Terminus Kolonialismus[L1957/1967] – wohl nicht von ungefähr gesellte sich ein neuer *-ismus* zuerst im DDR-Jargon zu Imperialismus, Kapitalismus, Kommunismus und Sozialismus – wird die Leipziger Ausgabe von 1957 noch deutlicher: »meist durch gewaltsame Unterwerfung angeeignetes u. ausgebeutetes Überseegebiet kapitalistischer Länder«. Und von 1967 bis 1985 erklärt der Ostduden Kolonialismus und Kolonisation[1880] unter anderem mit »imperialist. Politik der Unterdrückung, Versklavung u. Ausbeutung ökonomisch schwach entwickelter Länder« beziehungsweise »meist gewaltsame Aneignung fremder Länder durch kapitalist. Staaten«. Im Mannheimer Duden liest man zur ›Kolonie‹ nur in der 17. Auflage – parallel zur Aufnahme des Lemmas ›Kolonialkrieg‹ und vermutlich unter dem Eindruck der aktuellen Konflikte etwa in den portugiesischen Überseegebieten – einmalig die Erläuterung »(durch Gewalt angeeignete) auswärtige, bes. überseeische Besitzung eines Staates«. Danach enthalten sich die bundes- und seit 1991 gesamtdeutschen Auflagen solcher Anmerkungen.

Als letzte der früheren Kolonien in Afrika erlangte 1990 das ehemalige Deutsch-Südwestafrika seine Unabhängigkeit. Hier, im heutigen Namibia, hat sich auch nach dem Ersten Weltkrieg eine bedeutende deutsche Minderheit erhalten, und deutsche kulturelle Einflüsse sind bis heute lebendig. Wieder wird der Leipziger Duden deutlicher als sein Mannheimer Pendant und brandmarkt – internationalem Recht folgend – die Verwaltung durch die Republik Südafrika, die eine ›Südafrikanisierung‹ des Uno[L1951]/UNO[1954]-Treuhandgebiets im Sinne der Apartheid[1961/L1967] anstrebte, als widerrechtlich. Auch der durch die Befreiungsbewegung SWAPO[1980] popularisierte und dann international akzeptierte Landesname Namibia[L1976/1980], der sich von der Wüste Namib[2020] ableitet, erscheint in den DDR-Ausgaben früher als im Westen.

Von Deutsch-Südwestafrika[1905] nach Namibia[L1976/1980]

–1902	fehlt
1905	Deutsch-Südwestafrika
1915	Deutsch-Südwestafrika – Land
1929	Deutsch-Südwestafrika – ehem. dtsch. Kolonie, jetzt unter brit. Verwaltung
1934	Deutsch-Südwestafrika – ehemalige deutsche Kolonie

1941	Deutsch-Südwestafrika – dt. Kolonie
1947–1961, L1951, L1957	fehlt
1967, 1973	Südwestafrika – Treuhandgebiet
L1967	Südwestafrika – von der Republik Südafrika verwaltetes Gebiet, eigentlich Treuhandgebiet der UNO
L1976	Namibia, früher Südwestafrika – Treuhandgebiet der UNO, widerrechtlich von Südafrika besetzt
	Südwestafrika – Namibia
1980, 1986	Namibia – Südwestafrika (Treuhandgebiet der UN)
	Südwestafrika – vgl. Namibia
L1985	Namibia – Treuhandgebiet der UNO im SW Afrikas, widerrechtlich von Südafrika besetzt
1991–	Namibia – Republik in Südwestafrika

Was hat sich von der (deutschen) Kolonialzeit erhalten – abgesehen von Wirtschaftsströmen und Abhängigkeiten, von denen auch hierzulande Unternehmen wie Verbraucherinnen und Verbraucher bis heute profitieren? Zum Beispiel: das bereits erwähnte *Tsingtao*-Bier in China, die etwa 20.000 Deutsch-Namibier[L1985/1986], die Namdeutsch sprechen, wilhelminische[1929] Baukunst in Übersee, geraubte oder unter obskuren Umständen erworbene Artefakte und menschliche Knochen in Museen und Sammlungen, das Afrikanische Viertel in Berlin, der Bismarckarchipel im Pazifik und neben den Kilimandscharo-Skrupeln noch ein paar andere Felsbrocken, diesmal in der Nordsee: Helgoland[1915]. Als 1890 Briten und Deutsche ihre Einflusszonen in Afrika absteckten, verzichtete das Deutsche Reich unter anderem auf sein Interesse am Sultanat Sansibar vor der Küste Deutsch-Ostafrikas; die Briten traten ihrerseits neben anderen Gebieten ihre Kronkolonie Helgoland an das Reich ab. Anders, als es bei Sansibar sicher der Fall gewesen wäre, blieb Helgoland auch nach den Weltkriegen deutsch.

Dada, Keks und Simulanten

Der Erste Weltkrieg im Duden

Hugo Ball nahm das Messer und stach drauflos. Sein Opfer: ein Wörterbuch. Aber keine Sorge: Es handelte sich nicht um einen Duden, sondern ›nur‹ um ein französisches Lexikon oder eine Enzyklopädie, den »Larousse« vielleicht – über den genauen Ablauf der Ereignisse gibt es allerlei Versionen. Jedenfalls soll das Federmesser, das eigentlich nur dem Anspitzen von Schreibfedern diente, beim Wort *dada* stecken geblieben sein, französisch für ›Steckenpferd‹ – und der Name für eine neue Kunstrichtung war gefunden: Dadaismus[1929]! Hier in Zürich, im Schweizer Exil[1880], wo auch der Duden offiziell seit 1892 die deutsche Standardrechtschreibung definierte, hatten sich Pazifistinnen und Pazifisten[1929] (»Friedensschwärmer«), Revolutionärinnen und Revolutionäre[1893], Kunstschaffende und Heimatvertriebene aus ganz Europa versammelt. Lenin[1929] etwa wohnte gleich um die Ecke des ›Cabaret Voltaire‹, wo sich Dadaistinnen und Dadaisten[1929] trafen, und wartete auf seine Chance in Russland. Um sie herum tobte seit zwei Jahren der erste[L1951/1954] Weltkrieg[1929]. Da erschien ihnen die neutrale[1880] Schweiz wie ein »Vogelkäfig, umgeben von brüllenden Löwen«, wie Ball erklärte. Angesichts des massenhaften Tötens an den Fronten – bis 1918 starben über neun Millionen Soldaten den ›Heldentod[1915]‹ – wollte sich der Dadaismus radikal von überkommenen Kunstformen abwenden, die überall die bestehenden gesellschaftlichen und politischen Verhältnisse verbrämten.

1916 waren schon viele Illusionen zerplatzt: Als die europäischen Mächte sich 1914 in einen Krieg untereinander verwickeln ließen – sehenden Auges und zugleich verblendet, kriegslüstern voranschreitend und zugleich schlafwandlerisch hinterherstolpernd, hofften alle auf einen schnellen Sieg innerhalb weniger Wochen, die Vernichtung des Gegners und große Gebietsgewinne. Den Parolen[1880] der Monarchen, Politiker und Militärs folgte die Mehrheit der Bevölkerung mit Begeisterung – sei es aus Patriotismus[1880] oder aus einem Gefühl der Übersättigung heraus, in einer Sehnsucht nach intensiven Erfahrungen, nach Überwindung der bürgerlichen Welt und ihrer Konventionen, die neben anderen Kunstschaffenden und Intellektuellen auch den späteren Dadaisten Ball kurzzeitig an die Front trieb.

Auslöser war die Ermordung des österreichisch-ungarischen Thronfolgers Erzherzog Franz Ferdinand und seiner Ehefrau im bosnischen Sarajevo[1915] Ende Juni 1914 durch einen nationalistischen Attentäter[1880] serbischer Herkunft. Der Balkan[1902], der in den vergangenen Jahren schon zwei lokale Kriege erlebt hatte, war ein Pulverfaß[1915], das nun explodierte: Die Habsburgermonarchie sann auf Rache, das verbündete Deutsche Reich sicherte seinen Beistand zu. Russland unterstützte die Serben, es folgten die mit den Russen in der Entente Cordiale[1915] beziehungsweise *Triple Entente* zusammengeschlossenen Franzosen und Briten. Italien schlug sich später auf die Seite der Entente, nachdem ihm Gebietsgewinne zugesichert worden waren; im Lager der gegnerischen Mittelmächte standen noch Bulgarien und das Osmanische Reich. Der umkämpfte europäische Kolonialbesitz in Übersee sowie 1917 der Kriegseintritt der USA auf Seiten der Entente machten den Konflikt zu einem wirklichen Weltkrieg.

Nach den Schüssen von Sarajevo, in der sogenannten Julikrise, scheiterten diplomatische Bemühungen und griffen alte Vereinbarungen. Sowohl Deutsche als auch Franzosen hofften auf schnelle Entscheidungen und drängten ihre jeweiligen Verbündeten, Russland und Österreich-Ungarn, zu raschen Schritten: Frankreich war seit Langem auf Revanche[1880] aus für die Niederlage von 1870/71 und den Verlust von Elsaß-Lothringen[1880] an das Deutsche Reich – der Revanchismus[1973] taucht allerdings erst später im Duden auf. Das Deutsche Reich wiederum hatte sich durch aggressives Wettrüsten und seine expansive Kolonialpolitik[1941] diplomatisch immer weiter isoliert: Nach der Abkehr von der bismarckischen[1915] Bündnispolitik wähnte man sich von Gegnern eingekreist und sann auf einen Befreiungsschlag. Ultimaten[1880] und Mobilmachungen[1880] auf allen Seiten eskalierten die Situation; die Kriegserklärungen Ende Juli/Anfang August waren nicht mehr aufzuhalten.

Vor allem die deutsche Militärführung hatte es eilig, um einen riskanten Krieg an zwei Fronten[1880] zu überstehen: Durch einen schnellen Vormarsch[1941] im Westen sollten Frankreich geschlagen und anschließend die Russen im Osten besiegt werden – so sah es der nach dem Generalfeldmarschall[1893] Schlieffen[1934] benannte Plan des Großen[1900] Generalstabs[1880] vor. Zur Umgehung der französischen Verteidigungslinien an der gemeinsamen Grenze fiel man in Belgien ein und verletzte damit die Neutralität[1880] des Landes, was letztlich die Briten zum Kriegseintritt veranlasste. Die deutsche Armee traf in Belgien auf unerwartet harten Widerstand und reagierte mit äußerster Gewalt – der sogenannte *Rape of Belgium* lieferte der gegnerischen Propaganda[1880] von den bestialischen deutschen ›Hunnen[1880]‹ die besten Vorlagen. Derweil besetzten im Osten die Russen, die sich zunächst als stärker erwiesen als gedacht, in kürzester Zeit fast ganz Ostpreußen und das österreichische Galizien. Zwar konnten die Truppen des Zaren zurückgedrängt werden – die sogenannte Schlacht von Tannenberg[1934] in Ostpreußen Ende August 1914 begründete den Ruhm der deutschen Generäle[1880] Paul von Hindenburg[1929] und Erich Ludendorff[1934] –, doch im Westen wie im Osten blieb der Vormarsch stecken. Positioniert in Schützengräben[1929] inmitten schlammiger Mondlandschaften aus Bombenkratern und Geschützstellungen, standen sich die Gegner fortan in einem zermürbenden Abnutzungskrieg gegenüber. Hunderttausende starben auf beiden Seiten in immer wieder neuen Offensiven[1880], die den Frontverlauf nur noch unwesentlich veränderten.

Dazu lieferte der industrielle Fortschritt modernste Waffen: Granaten[1880], Maschinengewehre[1905], Panzer[1880] beziehungsweise englisch Tanks[1929] (»gepanzerter Streitwagen«) und erstmals Giftgas[1929] ermöglichten systematisches, massenhaftes Töten in bisher nie gekanntem Ausmaß. Gleichzeitig stellte die Medizin ihr weiterentwickeltes Können unter Beweis: Verwundete, die früher ihren Verletzungen erlegen wären, wurden nun gerettet. Zehntausende grausam verstümmelte Kriegsbeschädigte[1929] beziehungsweise Kriegsversehrte[1941] mit und ohne Prothesen[1902] zählten nach dem Krieg zum Alltagsbild, festgehalten etwa durch die Zeichnungen und Gemälde von Otto Dix und George Grosz, die beide zeitweise dem Dadaismus nahestanden. Die schlimmsten Fälle der sogenannten Gesichtsversehrten wurden abgeschirmt von der Öffentlichkeit – und für ihre Familien als tot erklärt – in Sanatorien behandelt. Hinzu kamen die psychischen Traumata[1915], die etwa bei den sogenannten Kriegszitterern offen zutage traten. Die Betroffenen konnten jedoch nur selten auf Verständnis und Hilfe hoffen und wurden zumeist als Simulanten[1915] (»Krankheitsheuchler«) abgetan. Allein für Deutschland ist von fast drei Millionen physisch und psychisch schwer gezeichneten Kriegsteilnehmern auszugehen. Die Obsession der 20er-Jahre für den sportlich-schlanken, gesunden und sonnengebräunten Körper hat auch hier eine Ursache: Er war im täglich erfahrbaren Kontrast ein sichtbares Privileg.

Hugo Ball hält das sinnlose Morden an der Front in seinem Gedicht »Totentanz 1916« fest:

So sterben wir, so sterben wir.
Wir sterben alle Tage,
Weil es so gemütlich sich sterben läßt.
Morgens noch in Schlaf und Traum,
Mittags schon dahin.
Abends schon zu unterst im Grabe drin.

Die Schlacht ist unser Freudenhaus.
Von Blut ist unsere Sonne.
Tod ist unser Zeichen und Losungswort.
Weib und Kind verlassen wir –
Was gehen sie uns an?
Wenn man sich auf uns nur
Verlassen kann.

So morden wir, so morden wir.
Wir morden alle Tage
Unsre Kameraden im Totentanz.
Bruder, reck dich auf vor mir,
Bruder, deine Brust!
Bruder, der du fallen und sterben mußt.

Wir murren nicht, wir knurren nicht,
Wir schweigen alle Tage,
Bis sich vom Gelenke das Hüftbein dreht.
Hart ist unsere Lagerstatt,
Trocken unser Brot.
Blutig und besudelt der liebe Gott.

Wir danken dir, wir danken dir,
Herr Kaiser, für die Gnade,
Weil du uns zum Sterben erkoren hast.
Schlafe nur, schlaf sanft und still,
Bis dich auferweckt,
Unser armer Leib, den der Rasen deckt.

Chauvinismus[1880], Deutschtümelei[1880] und Militarismus[1880] – als Begriffe von Anfang an dabei – lassen sich in der Weltkriegsausgabe des »Duden« von 1915, die redaktionell noch von Konrad Duden selbst vor seinem Tod 1911 erarbeitet worden war, allenfalls am Rand ablesen. Neuaufnahmen waren neben dem bereits erwähnten Heldentod zum Beispiel die Sedanfeier[1915], die an den Sieg im Deutsch-Französischen Krieg[1915] von 1870/71 erinnerte, oder der Erbfeind[1915]. In einer früheren Ausgabe hatte Duden unter anderem den 1885 gegründeten Allgemeinen Deutschen Sprachverein (ADSV), der Fremdwörter im Deutschen bekämpfte und durch Neuschöpfungen zu ersetzen suchte, sowie Texte aus dem militärischen Bereich als Quellen seiner Arbeit erwähnt. Dem patriotischen beziehungsweise vaterlandsliebenden ADSV war es ein besonderes Ärgernis, dass im Kriegswesen viele französische Begriffe verwendet wurden und an die Vormachtstellung Frankreichs auf dem Kontinent etwa unter Ludwig XIV. oder Napoleon Bonaparte erinnerten. Duden selbst ging es als Pädagogen vermutlich eher um einfach zu erlernende Schreibweisen und Wörter.

Cake[1902], Kake[1902] oder Keks[1934]? – Kek[1915]!

Dudenauflage	Fremdwort	Eingedeutscht	Dudenauflage
1880	Lieutenant	Leutnant	1880
1880	Aspirant	Anwärter	1887
1880	patriotisch	vaterlandsliebend	1887
1880	Avantgarde	Vorhut	1902
1880	Auditeur	Kriegsgerichtsrat	1905
1880	Charge	Dienstgrad	1905
1880	national	völkisch	1905

1880	Revue	Heerschau	1915
1887	agent provocateur	Lockspitzel	1915
1902	Cake, Kake	Kek[1] [1] Diese Eindeutschung des engl. *cake* ist annehmbar, aber es muß in der Ez. Kek gesagt werden, *nicht* Keks.	1915

Da sich der luftdicht verpackte Kek^{1915}/Keks^{1934} – eine zeitgenössische Innovation der Firma Bahlsen aus Hannover – perfekt als Proviant^{1880} für Soldaten eignete und während des Weltkriegs als solcher beworben wurde, passt das »Gebäck, Knusperchen«, wie der Duden erklärt, durchaus in diese eher militärisch-politische Auswahl. Knusperchen^{1915} war übrigens ein Alternativvorschlag der Sprachreiniger vom ADSV, der sich ebenso wenig durchsetzen konnte wie ›Rollfleisch‹ für Roulade^{1880} oder ›Tunke‹ für Sauce^{1880}.

Von all diesen Köstlichkeiten konnten die meisten Deutschen bald nur noch träumen. Da niemand einen langen Krieg erwartet hatte, war man kaum vorbereitet, als die britische Royal Navy das Deutsche Reich durch eine Blockade^{1880} von Lebensmittelimporten abschnitt – erst nach dem Weltkrieg ergänzt der Duden die Erläuterung »(See)-sperre«.

Durch die Mobilisierung^{1915} von Männern, die schon im ersten Kriegsjahr bei der Ernte fehlten, und die Requisition^{1880} von Pferden ging die Produktivität der Landwirtschaft rasch zurück. Festgelegte Höchstpreise und Zwangsbewirtschaftung^{1929}/Rationierung^{1934} erwiesen sich als wenig effektiv; Schleichhandel^{1915}, Schwarzschlachten^{1929} und Hamstern^{1929} erschwerten die Versorgung vor allem der Großstädte. In der Folge starben Hunderttausende an Unterernährung[1915]. Schon 1915 kam es zu ersten Hungerkrawallen; der sogenannte Rübenwinter 1916/17 bleib der Bevölkerung lange im Gedächtnis.

Doch den vermeintlichen Notwendigkeiten der Kriegführung[1915] wurden alle Bereiche des politischen, wirtschaftlichen und gesellschaftlichen Lebens untergeordnet. Theoretisch lag der Oberbefehl[1915] beim Kaiser, aber nach dem Scheitern aller anfänglichen Pläne und Offensiven wurden 1916 Generalfeldmarschall von Hindenburg und sein Generalstabschef Ludendorff, die sogenannten Helden von Tannenberg, in die Oberste Heeresleitung[1929] (OHL) berufen und konnten quasi diktatorische Vollmachten an sich ziehen. Mit ihrem Drängen auf einen uneingeschränkten U-Boot-Krieg[1929/1934] gegen den Willen der politischen Führung provozierten Ludendorff und die deutsche Admiralität[1880] 1917 den Kriegseintritt der USA, die mit ihren frischen Truppen und schier unerschöpflichen Ressourcen letztlich die deutsche Niederlage besiegelten.

Um für die Westfront freie Hand zu haben, suchten die Deutschen nach einer schnellen Lösung im Osten. Das Zarenregime war in der bürgerlichen Februarrevolution von 1917 gestürzt worden, die russische Armee befand sich in Auflösung. Da traf es sich gut, dass Lenin und seine Mitstreiterinnen und Mitstreiter aus der Schweiz nach Russland zurückkehren wollten. Das deutsche Auswärtige Amt gestattete die Durchreise in das neutrale Skandinavien, von wo es weiter nach Russland ging. Ob es zudem Absprachen und Geldzahlungen gab, ist bis heute ungeklärt. Falls man sich auf deutscher Seite Hoffnungen gemacht hatte, dass Lenins Ankunft in Russland die Lage vor Ort weiter destabilisieren könnte, so ging der Plan auf: In der sozialistischen Oktoberrevolution[L1951/1961] setzten sich Lenins Bolschewiki[1929] durch und stimmten schließlich widerwillig im März 1918 dem Frieden von Brest-Litowsk[1929] mit den Mittelmächten zu. Diese ordneten Osteuropa nach ihren Vorstellungen neu und bildeten eine Reihe von kurzlebigen Pufferstaaten[1905], zu denen auch eine unabhängige Ukraine[1915] gehörte. Welche Wendungen hätte die Weltgeschichte wohl genommen, wenn man statt Lenin die Dadaistinnen und Dadaisten nach Russland verfrachtet hätte?

Doch selbst mit dem Sieg im Osten war der Krieg für das Deutsche Reich und seine Verbündeten nicht zu gewinnen. Der US-Präsident Woodrow Wilson[1929] hatte im Januar 1918 einen 14-Punkte-Plan als Grundlage für einen Friedensschluss und zur Neuordnung Europas vorgelegt, die auf dem Selbstbestimmungsrecht der Völker basieren sollte. Die Vielvölkerstaaten[1929] der Habsburger und der Osmanen befanden sich bereits in Auflösung. Österreich-Ungarn litt seit Langem unter ethnischen Konflikten, die auch hinter den Schüssen von Sarajevo 1914 gestanden hatten und nun offen hervorbrachen. Im Osmanischen Reich stachelte der berühmte Lawrence of Arabia die Araber zum Aufstand an, während nationalistische Türken einen Genozid[1973] an den angeblich mit den Kriegsgegnern paktierenden Armeniern verübten – die neue Wortschöpfung, die vor dem Hintergrund der Ereignisse im Osmanischen Reich gebildet worden war, fand erst später Eingang in den Duden, als in der deutschen Öffentlichkeit auch die Völkermorde[1986] in eigener Verantwortung ins Bewusstsein gerieten.

Als die deutsche OHL die Aussichtslosigkeit ihrer Lage endlich einsah, versuchte sie, die Schuld an der Niederlage abzuwälzen. Eine Demokratisierung des Reichs sowie eine neue, erstmals von einer parlamentarischen Mehrheit unter Mitwirkung der SPD gestützten Reichsregierung unter Prinz Max von Baden sollten im Oktober 1918 ein positives Signal nach innen und außen senden. Gleichzeitig sollte die neue Regierung Verhandlungen für einen Waffenstillstand[1880] aufnehmen – während Kaiser und Militär schon einen Putsch[1880] planten gegen die nur widerwillig gewährten Reformen.

Die vermeintlich so »vaterlandslosen[1941] Gesellen« der SPD, längst die stärkste politische Kraft im Reich, hatten sich während des Kriegs als staatstragend erwiesen, den ausgerufenen Burgfrieden[1915] bewahrt und unter anderem ab 1914 immer neuen Kriegskrediten zugestimmt, was 1916/17 sogar zur Spaltung der Partei geführt hatte. Als sich 1918 der Zusammenbruch der alten Ordnung abzeichnete, wollte die SPD unter Friedrich Ebert[1929] ihre neugewonnene Macht sichern, bürgerkriegsähnliche Zustände wie in Russland vermeiden und dafür sogar an der Monarchie als Staatsform festhalten. Doch die Ereignisse überschlugen sich, als am 24. Oktober 1918 ein Flottenbefehl ausging, der eine letzte Offensive der kaiserlichen Kriegsmarine[1941] gegen Großbritannien vorsah. Die Admiräle wollten ihre Kampffähigkeit[1915] unter Beweis stellen und die als schmachvoll empfundenen Waffenstillstandsverhandlungen unterlaufen. Die Besatzungen weigerten sich jedoch, bei dieser sinnlosen Aktion ihre Leben aufs Spiel zu setzen, und meuterten[1915]. In der Folge kam es Anfang November 1918 zum Aufstand der Kieler Matrosen[1880]. Die Revolution war nun nicht mehr aufzuhalten und erfasste in wenigen Tagen das ganze Deutsche Reich. Prinz Max von Baden erklärte am 9. November die Abdankung[1915] (früher Abdikation[1880]) des Kaisers, der am folgenden Tag ins Exil in die Niederlande ging. Auch alle anderen deutschen Monarchen mussten ihren Thronen entsagen.

In Berlin wurde noch am 9. November die Republik ausgerufen. Ihre erste Aufgabe war die Unterzeichnung des Waffenstillstands von Compiègne am 11. November 1918. Der Plan der OHL, sich aus der Verantwortung zu stehlen, sollte aufgehen: Die Unterzeichnung des Waffenstillstands und der spätere sogenannte Diktatfrieden[1934] von Versailles[1929] wurden zu schweren Bürden für die Weimarer Republik. Zu gerne glaubte ein Großteil der Öffentlichkeit die Mär vom im Felde unbesiegten deutschen Heer und seinen heldisch verehrten Führern Hindenburg und Ludendorff. Die Legende vom Dolchstoß[1934] in den Rücken der Armee durch die sogenannten Novemberverbrecher[1941] und anderer vermeintlicher Feinde im Innern, vor allem Demokraten, Linke und Juden, war zu verlockend, um die Sinnlosigkeit der Opfer, die Dummheit der Entscheidungen sowie die völlige Skrupellosigkeit von politischer und militärischer Führung nicht hinterfragen zu müssen.

Der Weltkrieg, die Ereignisse im November 1918 sowie der Vertrag von Versailles und seine Folgen waren ein zentraler Bestandteil des öffentlichen Diskurses in der Weimarer Republik sowie der Nazizeit – angeheizt durch antisemitische und nationalistische Gruppen, aufgearbeitet durch Untersuchungsausschüsse und reflektiert in Kunst, Literatur und Film –, etwa in dem Welterfolg »Im Westen nichts Neues« von Erich Maria Remarque[1967] aus dem Jahr 1928, dessen Verfilmung in den USA zwei Jahre später mit zwei Oscars[1973] ausgezeichnet wurde, in Deutschland selbst aber höchst umstritten blieb: Das Buch wurde zeitweise aus Bibliotheken verbannt, Kinovorführungen von rechten Schlägertrupps gestört. Es macht also Sinn, dass die vielen Weltkriegsbegriffe in den 10., 11. und 12. Dudenauflagen von 1929, 1934 und 1941 auftauchen: Sie sind nicht nur ein Rückblick auf historische Ereignisse, sondern spiegeln aktuelle Kontroversen wider. Welche tiefen Spuren der Krieg in der Gesellschaft hinterlassen hatte, zeigen weitere Neuzugänge im Duden wie Kriegerhinterbliebene[1929], Kriegerkind[1929], Kriegerwaise[1929], Kriegsgewinnler[1929], Kriegsschuldlüge[1929] (»unwahre Behauptung der deutschen Alleinschuld am Ausbruch des Weltkrieges«), Kriegerverein[1934], Kriegsdichtung[1934] und Kriegswissenschaft[1934].

George Grosz, der den Dadaismus in Berlin populär gemacht hatte, beschreibt in seiner Autobiografie die tiefen Risse, die die ständigen Auseinandersetzungen und gegenseitigen Schuldzuweisungen verursachten:

> An allen Ecken standen Redner. Überall erschollen Haßgesänge. Alle wurden gehaßt: die Juden, die Kapitalisten, die Junker, die Kommunisten, das Militär, die Hausbesitzer, die Arbeiter, die Arbeitslosen, die Schwarze Reichswehr [illegale paramilitärische Formation, DB], die Kontrollkommissionen [der Siegermächte, DB], die Politiker, die Warenhäuser und nochmals die Juden. Es war eine Orgie der Verhetzung, und die Republik war schwach, kaum wahrnehmbar. Das mußte mit einem furchtbaren Krach enden ...
> Es war eine völlig negative Welt, mit buntem Schaum obenauf, den viele für das wahre, das glückliche Deutschland vor dem Anbruch der neuen Barbarei hielten. Fremde, die uns damals besuchten, ließen sich nur zu leicht durch das scheinbar sorglose, lustige, wirbelnde Leben an der Oberfläche täuschen, durch die Nachtlokale und die sogenannte Freiheit und Kunstblüte. Aber das war eben doch nur bunter Schaum, nichts weiter. Dicht unter dieser lebendigen Oberfläche, die so schön wie ein Sumpf schillerte und ganz kurzweilig war, lagen der Bruderhaß und die Zerrissenheit, und die Regimenter formierten sich für die endgültige Auseinandersetzung.

Der Dadaismus war Teil dieses Schaums: eine Avantgarde[1880], nun nicht mehr im militärischen Sinn, sondern als Aufbruch in Literatur, Malerei, Grafik, Tanz, Mode und darstellender Kunst und zugleich eine Reaktion auf die Erlebnisse der jüngsten Vergangenheit wie der Gegenwart – anarchistisch, nihilistisch und nicht zuletzt kommerziell. Der Hannoveraner Dadaist Kurt Schwitters etwa entwarf Werbung für die Bahlsen-Kekse, und nicht nur er war ein erfolgreicher Propagandist auch in eigener Sache. Neben Berlin wurden Köln mit Max Ernst, Dresden mit Otto Dix sowie Paris und New York zu Zentren der neuen Kunstrichtung.

Dass der Dadaismus selbst in der eigentlich entnazifizierten[1947] Nachkriegsausgabe des Duden von 1947 noch als entartet[1915] gilt und danach sowohl in Ost und West zunächst als »Pseudokunst« herabgewürdigt wird, spricht wohl für seinen nachhaltigen Eindruck: Als »entartet« wurden weder Expressionismus[1929] (»Ausdruckskunst«), Futurismus[1929] (»Kunst der Zukunft«), der Kubist[1915] (»Malerschule«, 1925 dann: »seine Bilder in Würfelform gliedernder Maler«) und der Kubismus[1934] (»Kunstrichtung, die kubische Form in Kunstwerken durchzuführen«) oder der überhaupt erst in der NS-Zeit aufgenommene Surrealismus[1941] (»Kunst- und Literaturrichtung«) bezeichnet.

»Bevor Dada da war, war Dada da.« (Hans Arp)

1929, 1934	Dadaismus – Kunstrichtung Dadaist – Anhänger des Dadaismus
1941, 1947	Dadaismus – (nach kindersprachl. »dada«) entartete Kunstrichtung der Nachkriegszeit
L1951, 1954	Dadaismus – (nach kindersprachl. »dada«) Pseudokunst in der Zeit nach dem 1. Weltkrieg
L1957–L1985	Dadaismus – wirklichkeitsfremde, bewußt primitive Kunst- u. Literaturrichtung um 1920 (nach den ersten kindlichen Stammellauten)
1961–1986	Dadaismus – (nach kindersprachl. »dada«) Kunstrichtung nach dem 1. Weltkrieg
1991–	Dadaismus – (nach franz. kindersprachl. »dada« = Holzpferdchen) Kunst- u. Literaturrichtung um 1920

Bubikopf und Männerdutt

Haariges im Duden

Schon lang' genug tönt's uns im Ohre
Die Haare lang – kurz der Verstand,
Drum haben endlich mit Humore
Wir uns dem Kurzschnitt zugewandt.
Ihr Mädchen alle und ihr Frauen
Brecht mit verzopfter Tyrannei,
Laßt nur im Bubikopf euch schauen
Modern und schick und frank und frei.

Schimpft man »unweiblich« und so weiter
Und ärgert sich an unserem Schopf,
»Des Weibes Würde«, sprechet heiter,
»Die steckt im Herzen, nicht im Zopf.«
Ihr Männer, braucht nur eure Augen
Und haltet mit der Neuzeit Schritt –
Soll heut' ein Mädel für euch taugen –
Nur Pagenkopf und Herrenschnitt.

Doch wenn so einem armen Tropfe
Das Herz sich für den Zopf erwärmt,
So baumele er ihm selbst am Kopfe,
Dann fühlt er doch, wofür er schwärmt.
Doch daß wir Mädchen unserem Schatze
Nicht ähnlich werden gar zu sehr,
Euch Männern bleibt als Trost die Glatze,
Denn danach steht uns kein Begehr.

So spottete die deutsch-jüdische Dichterin und Kinderbuchautorin Frieda Mehler, die später von den Nazis ermordet wurde, über die erregten Reaktionen auf die modischen Kurzhaarschnitte für

Frauen in den 1920er-Jahren. Die aufwendigen Frisuren der Kaiserzeit, die sich am besten mithilfe von Kammerzofen arrangieren ließen, waren ebenso Geschichte wie die Vorbildfunktion ihrer aristokratischen Trägerinnen. Die neuen Ikonen der Zeit waren Schauspielerinnen, Sportlerinnen, Künstlerinnen, die durch Massenmedien wie den Film, in Wochenschauen und in der Werbung popularisiert wurden. Sie verkörperten den Typ der ›Neuen Frau‹ – selbstbewusst, eigenständig, modisch-sportlich, androgyn –, der vor allem für die immer größer werdende Zahl der weiblichen Angestellten in den Städten attraktiv wurde.

Der vieldiskutierte Bubikopf[1929] erscheint dann auch in der zeitgenössischen 10. Auflage des Duden – als Ableitung von Bube[1880]/Bübin[1880] und Bubi[1929]. Dass es dieses rechtschreiblich nicht gerade schwierige Wort in den Duden schafft, spiegelt das Ausmaß der gesellschaftlichen Debatte wider – von Fachzeitschriften des Friseurhandwerks über Modejournale und Ratgeberliteratur bis hin zu süffisanten Schlagern und konservativer Publizistik. Die von dieser Seite propagierte, vermeintlich urdeutsche ›Gretchenfrisur‹ aus geflochtenen, möglichst blonden Haaren – benannt nach dem in der zweiten Auflage verzeichneten Gretchen[1887] aus Goethes »Faust« – vermisst man allerdings im Duden.

Die Erfindung des Bubikopfs wird übrigens dem aus Polen stammenden französischen Promifriseur Antoine de Paris zugeschrieben. Seine Frauenhaarschnitte *à la garçonne*, also »jungenhaft«, passten zum Lebensstil der selbstständigen, berufstätigen Frau wie sie etwa Monsieur Antoines Kundin, die Modeschöpferin Coco Chanel, verkörperte. Und so folgt die Garçonne[1934], die »Junggesellin«, dem Bubikopf schon in der nächsten, 11. Dudenauflage. Heute steht die Vokabel nicht nur für einen Frisurentyp, sondern allgemein für die »knabenhafte Mode der Zwanzigerjahre«, wie der Duden seit 2009 erklärt. Das »e.[nglisch]-am.

[erikanische]« Pendant, der (sic!) Flapper[1934] (»›modernes‹ junges Mädchen mit jungenhaftem Benehmen«), konnte sich nur bis 1973 im Duden behaupten.

Ansonsten findet sich im »Urduden« von 1880 schon die wesentliche Grundausstattung rund um das Thema Frisur[1880], darunter Berufsbezeichnungen wie Barbier[1880], Coiffeur[1880], Friseur[1880] und Friseuse[1880]. Letzteres gilt mittlerweile als abwertend und wird spätestens seit den 1990er-Jahren durch die Friseurin[1941] verdrängt – eine Variante, die anfangs noch als spezifisch »ostm.[ärkisch]« gekennzeichnet wird, also aus dem von Adolf Hitler 1938 »Heim ins Reich« geholten und nunmehr Ostmark genannten Österreich stammend. Der heute als progressiver geltende Terminus ›Friseurin‹ war im Dudenkontext also zunächst eine großdeutsche Reminiszenz an die Heimat des Führers.

Von Anfang an dabei sind noch weitere Fachbegriffe rund ums Haar[1880], etwa Coiffure[1880], Glatze[1880] und Glatzkopf[1880], Locke[1880] und Löckchen[1880], Per(r)ücke[1880], Tonsur[1880], Toupet[1880] sowie der Zopf[1880]. Hinzu kommt der elegante Haarknoten Chignon[1880], ein »Nackenzopf, Wulst aus fremdem Haar«. Der einfache und auch orthografisch wenig anspruchsvolle Dutt[1967] hingegen schafft es erst in die 16. Auflage.

Schon im ersten Duden wird die Allongeperücke[1880] aufgenommen, während ihr weibliches Pendant, die Fontange[1902], noch viele Jahre auf sich warten lässt. Eine damals übliche patriotische Eindeutschung der französischen Ausdrücke erübrigte sich, denn die langlockigen beziehungsweise aufwendig hochgesteckten Kreationen vom Hof Ludwigs XIV. kamen schon im 18. Jahrhundert wieder aus der Mode[1880]. Dafür erinnerten sie noch lange an die angeblich typische Extravaganz[1880] der Erbfeind[e][1915] jenseits des Rheins und ihrer Nachahmerinnen und Nachahmer in ganz Europa.

In der Hochzeit des europäischen Imperialismus gelangten schampuen[1915] und das vertrauter klingende schampunieren[1915] in den Duden. Sie leiten sich vom Hindi-Wort *chhāmpō* ab, ›knete!‹, und wurden über die britischen Kolonialherren in Indien vermittelt. Eine eher englische Schreibweise, shampoonieren[1941], sowie das »Haarpflegemittel« Shampoo[1941] als solches tauchen in der NS-Zeit auf.

Die Pomade[1880] beziehungsweise pomadisieren[1880] waren offenbar schon länger beliebt. Erst in der 9. Auflage erscheinen die »Bartwichse« Brillantine[1915] ebenso wie Ondulation[1915] und ondulieren[1915] – das Wellen der Haare mit einer Brennschere – sowie, als Resultat, die Löcklein[1915] und der Lockenkopf[1915]. Wenige Jahre zuvor, 1906, hatte der aus dem Schwarzwald stammende Friseur Karl Nessler, der sich den weltläufigeren Namen Charles Nestlé zugelegt hatte, ein Verfahren zur dauerhaften Ondulation mithilfe von Chemikalien und heizbaren Apparaturen entwickelt. Die so entstehenden Dauerwellen[1934] wurden jedoch erst in der 11. Auflage des Duden verzeichnet.

Nach dem Bubikopf fanden immer wieder zeittypische und zumeist umstrittene Haarkreationen Eingang in den Duden. Die Massenhysterie um die Band *The Beatles* etwa machte den Pilzkopf[1967] populär, der – obwohl sehr gepflegt – von der älteren Generation genauso abgelehnt wurde wie die ungewaschenen Haare der zur selben Zeit herumlungernden Gammlerinnen[1967] und Gammler[1967]; Afro-Look[1980], Dreadlocks[2004] und Rastalocke[2004] drücken Selbstbewusstsein und Stolz auf eigene Wurzeln aus, werden seit einigen Jahren unter Umständen aber auch als kulturelle Aneignung kritisiert; hinzu gesellen sich die mit Rocksängern der 1950er-Jahre assoziierte Schmalztolle[2004], die zahllosen Varianten der Hochsteckfrisur[2020] von Brigitte Bardot bis Amy Winehouse sowie der in den 70ern und 80ern beliebte, dann verspottete und mittlerweile in der Variante des englischen *Mullet* wieder angesagte Vokuhila[2020].

Jüngste Neuzugänge sind die Haarfärbemethode Balayage[2020], das für Hipster[2013] unverzichtbare Bartöl[2020] und der beim selben Klientel beliebte Männerdutt[2020] – ob mit oder ohne Undercut[2017]. Selbst die Intimbehaarung[2024] findet Beachtung. Gut einhundert Jahre nach dem Bubikopf wirft der Männerdutt wieder die Frage nach geschlechtertypischen Frisuren auf, und das Bartöl steht gleichsam für die wachsende Zahl an Pflegeprodukten speziell für Männer. Den Dandy[1880], später mit »Stutzer, Modenarr« erklärt, kannte aber schon der erste Duden. Doch auch ein Kurzhaarschnitt bei Frauen kann noch einen Sturm der Entrüstung auslösen, wie die Wahl zur *Miss France* 2024 zeigte, als eine Kandidatin mit *Pixie Cut* zur Siegerin gekürt wurde. Dieses Wort hat es bislang noch nicht in den Duden geschafft.

Vom Stutzer zum Fashion-Victim

Mode und Schönheit im Duden

1880 Eleganz
Mütze
Stiefelette
Stutzer
1887 Chic
1915 Modenhaus
Tätowierung
1929 Lippenstift
Pullover
1941 piekfein
Trend
1954 Übergangsmantel
1961 Make-up
Nagellack
1967 Boutique
Modefarbe
1973 Schönheitsideal
1980 Mascara
1986 modebewußt
1991 Modefimmel
Outfit
2000 Piercing
2004 aufhübschen
Boxershorts
Stringtanga
2006 Dresscode
Funktionsbekleidung
Loafer
2009 Clutch
Modebranche
2017 Jumpsuit
2024 Button-down-Hemd
Fashion-Victim

Inflation, Foxtrott und Asphaltpresse

Der Duden in der Weimarer Republik

Ausgelassen lärmt Irene Moll: »Die Liebe ist ein Zeitvertreib. Man nimmt dazu den Unterleib.« Dabei macht sie sich energisch über einen jungen Reichswehrsoldaten her und versucht, ihn seiner Uniform zu entledigen. Doch der Widerstand ist zu groß: Empört schmeißt sie ein Sektglas aus ihrem Separee auf die Tanzfläche und erregt damit für einen Augenblick die Aufmerksamkeit des feiernden Publikums: »Männer nennt sich das!«, hebt sie schwankend an der Balustrade zu einer Ansprache an. »Meine sehr verehrten Damen, ich schlage vor, die Bande einzusperren. Meine sehr verehrten Damen, wir brauchen Männerbordelle! Wer dafür ist, der hebe die Hand!« Fabian, Erich Kästners Titelheld, beobachtet die Szene von einer benachbarten Loge aus: Er hatte schon früher die Bekanntschaft Molls gemacht, in einem privaten Klub zur »Anbahnung von Beziehungen«, und später auch ihren Ehemann kennengelernt, einen wohlhabenden Rechtsanwalt und Notar, der ihn für die Liebesdienste an seiner Frau gerne entlohnen wollte. Tatsächlich kann die unternehmerische Frau Moll ihre Geschäftsidee noch in die Tat umsetzen, nachdem ihr Gatte wegen Unterschlagung ins Ausland geflohen war. Bald erfreut sich ihr als Pension getarnter »Verein unchristlicher junger Männer« bei »Damen der besten Gesellschaft« größter Beliebtheit. Doch Fabian will sich nicht engagieren lassen. Ein letztes Mal begegnen sich die beiden in einem Fernzug: »Ich türme. Einer der Schlafburschen hat mein Etablissement verpfiffen. Ich erfuhr es heute morgen von einem Polizeibeamten, dessen Monatsgehalt ich verdoppelt habe. Kommst du mit nach Budapest?« Fabian aber, obwohl inzwischen arbeitslos, will lieber seine eigene Reise fortsetzen.

In seinem 1931 erschienen Roman »Fabian« zeichnet Erich Kästner ein Sittenbild der deutschen Gesellschaft am Ende der Weimarer Republik. Ob im fiebrigen »Rummelplatz« Berlin oder bei »Untertemperatur« in Fabians Heimatstadt, die insgesamt für die Provinz steht: Angesichts von Verelendung, Massenarbeitslosigkeit und Armutsprostitution flüchten sich die Menschen in Fatalismus oder politischen Extremismus. Oder sie ziehen sich wie Fabian auf die Rolle des Beobachters zurück. Derweil erlebt die Mittelschicht einen rapiden sozialen Abstieg; politisch-gesellschaftliche Institutionen verlieren ebenso an Bedeutung wie bürgerliche Werte und Tugenden. Die Polizei: korrupte Schläger, Männer: impotent, käuflich oder homosexuell, die Reichswehr: hält kaum einer mannstollen Frau stand, berufliche Abschlüsse und Karrieren: von einem Tag auf den anderen wertlos, die Ehe: eine hohle Fassade, die romantische Liebe: landet auf der Besetzungscouch.

Fabian, der als Gymnasiast in den Weltkrieg[1929] geschickt worden war, fühlt sich an das Lebensgefühl von damals erinnert:

> »Saßen wir nicht wie unter einer Glasglocke, aus der man langsam, aber unaufhörlich die Luft herauspumpt? Wir begannen zu zappeln, doch wir zappelten nicht aus Übermut, sondern weil uns die Luft wegblieb. [...] Wir wollten nichts versäumen, und wir hatten einen gefährlichen Lebenshunger, weil wir glaubten, es sei die Henkersmahlzeit. [...] Und jetzt sitzen wir wieder im Wartesaal, und wieder heißt er Europa! Und wieder wissen wir nicht, was geschehen wird. Wir leben provisorisch, die Krise nimmt kein Ende!«

Der erste Weltkrieg[L1951/1954] hatte im November 1918 für das Deutsche Reich mit der bedingungslosen Kapitulation[1880] geendet. Der Legitimationsverlust führte zum Sturz des Kaisers und der anderen deutschen Monarchen. Eine provisorische Regierung unter der Führung des Sozialdemokraten Friedrich Ebert[1929] bereitete die Wahlen zu einer verfassungsgebenden Nationalversammlung vor, die allerdings nicht im politisch unruhigen Berlin, sondern in Weimar zusammentrat. In der Reichshauptstadt hatte die SPD im Verein mit den Freikorps[1915] – rechten Freiwilligenverbänden ehemaliger Frontsoldaten – im Januar 1919 einen Aufstand linker Kräfte zusammenschießen lassen. Zwei der führenden Köpfe, Karl Liebknecht[L1957] und Rosa Luxemburg[L1957], wurden verschleppt und ermordet, die beteiligten Offiziere mit Billigung des SPD-Reichswehrministers alsbald freigesprochen. Auf ähnliche Weise wurden im ganzen Reich die Arbeiter- und Soldatenräte, die sich in der Novemberrevolution 1918 gebildet hatten, mit militärischer Gewalt brutal unterdrückt, zuletzt die sogenannte Münchner Räterepublik[1929]. Eine radikalere Abkehr von den überkommenen Verhältnissen war verhindert, Sozialdemokraten, Liberale und Konservative hatten sich durchgesetzt. Eine neue demokratische Verfassung wurde zunächst ebenfalls noch in Weimar ausgearbeitet: Sie begründete die ›Weimarer Republik‹. Friedrich Ebert wurde ihr erster Reichspräsident[1929]. In Zukunft für sieben Jahre direkt gewählt und als eine Art ›Ersatzkaiser‹ mit großen Machtbefugnissen ausgestattet, konnte das Staatsoberhaupt unter anderem die Grundrechte außer Kraft setzen und mithilfe von Notverordnungen[1934] regieren. Zum neuen Regierungschef ernannte Ebert seinen Parteigenossen Philipp Scheidemann. Er war der erste von 16 Reichskanzlern, die in 14 Jahren 21 verschiedenen Kabinetten[1880] vorstanden – ein deutliches Zeichen für die politische Instabilität der neuen Demokratie.

Der »Duden« brauchte einige Jahre, um nach der 9. Auflage von 1915 auf die neuen Verhältnisse zu reagieren. Hierbei mögen in wirtschaftlich schwierigen Zeiten auch knappe Ressourcen eine Rolle gespielt haben. Im Auftrag des Bibliographischen Instituts[1929] in Leipzig übernahm schließlich der Germanist Theodor

Matthias, wie Konrad Duden ein Schulleiter, nach seiner Pensionierung die Redaktion einer neuen Dudenauflage. Mit sachlichem Abstand geht er in seinem Vorwort zur 10. Auflage vom Januar 1929 auf die veränderten Zeitumstände ein:

> Aber unwiderstehlich drängten das bewegte Leben des gewaltigen letzten Jahrzwölfts und die Fluten der überquellenden Sprachbewegung und *sprachlichen Neuschöpfungen* heran, worin die Wandlungen in Staat und Gesellschaft, Verkehr, Industrie und Technik wie in Denken, Fühlen und Glauben ihren Ausdruck gefunden haben. [...] Wie demnach die Fremdwörter, die völkische Heißsporne sämtlich gestrichen sehn wollen, wohl oder übel eine gewissenhafte sachliche Behandlung erfahren haben, konnten auch die Ausdrucksformen, in denen sich *staatliches deutsches Leben* unter der monarchischen Verfassung sprachlich dargestellt hat, nicht schlechthin ausgemerzt werden; braucht sie doch ebenso die einfachste geschichtliche Darstellung wie die gegen die alten Verhältnisse eingestellte Satire. [Hervorhebungen im Original, DB]

Die Weimarer Republik stand von Anfang an vor großen Herausforderungen: Geschickt hatte die Oberste Heeresleitung[1929] (OHL) der kaiserlichen Armee, allen voran Paul von Hindenburg[1929] und Erich Ludendorff[1934], die Verantwortung für die Niederlage den neuen politischen Machthabern zugeschoben; die Verschwörungstheorie vom metaphorischen Dolchstoß[1934] in den Rücken der Armee durch Demokraten, Linke und Juden lenkte vom eigenen Versagen ab. In der Folge machten Rechtsterroristen Jagd auf die sogenannten Novemberverbrecher[1941] (»Anstifter der Revolte im November 1918«) und Vertreter der Erfüllungspolitik[1934], die scheinbar willfährig den Forderungen der Siegermächte nachkamen. Zu den prominentesten Opfern der Fememorde[1929] gehörte 1922 der Außenminister Walther Rathenau[1929], der aber aus der folgenden Dudenauflage von 1934 sofort wieder verschwand.

> Fabian ging die Königsallee entlang. Er kam an der Rathenau-Eiche vorbei. Zwei Kränze hingen an dem Baum. An dieser Straßenbiegung war ein kluger Mann ermordet worden. »Rathenau mußte sterben«, hatte ein nationalsozialistischer Schriftsteller einmal zu ihm gesagt. »Er mußte sterben, seine Hybris trug die Schuld. Er war ein Jude und wollte deutscher Außenminister werden.«

Der Schmachfrieden[1929] von Versailles[1929] von 1919 wies den Deutschen die alleinige Verantwortung für den Ausbruch des Kriegs zu und legte ihnen harte Bedingungen auf: Hierzu gehörten die Rückgabe von Elsaß-Lothringen[1880] (seit 1996 Elsass-Lothringen) an Frankreich sowie andere Gebietsabtretungen, der Verlust aller Kolonien, eine Entmilitarisierung[1934] an der Westgrenze des Reichs, eine zahlenmäßig und in ihrer Bewaffnung stark beschränkte Reichswehr[1929] ohne Wehrpflicht[1915] sowie Demontagen[1929] von Industrieanlagen und die Zahlung hoher Reparationen[1929]. Die als Diktatfrieden[1934] gebrandmarkten Vereinbarungen wurden zum Dauerthema der politischen Debatte und Polemik, zum Beispiel in der Empörung über die sogenannte Kriegsschuldlüge[1929]. Unberücksichtigt blieb dabei, etwa im Hinblick auf die Reparationen, welche Verwüstungen die Deutschen noch bei ihrem Rückzug aus Frankreich und dem neutralen Belgien mutwillig verursacht hatten, während das Reich selbst bis auf wenige Wochen im relativ dünn besiedelten Ostpreußen von Kampfhandlungen verschont geblieben war.

Die wirtschaftlichen Folgen für Deutschland waren gravierend, hatten ihren Ursprung aber schon im Jahr 1914, als die kaiserliche Regierung zur Finanzierung des Kriegs die Deckung der Mark[1880] durch Gold faktisch aufhob, die Geldmenge immer weiter erhöhte und Kriegsanleihen ausgab, die sich nach der Niederlage als wertlos erwiesen. Als sich die Reparationszahlungen[1929], die in harten Devisen[1934] (»ausländ. Zahlungsmittel«) oder notfalls Sachleistungen wie Kohle und Stahl erfolgen sollten, verzögerten und französische wie belgische Truppen im Januar 1923 als Gegenmaßnahme in das Ruhrgebiet[1929], das wichtigste industrielle Zentrum des Reichs, einmarschierten, rief die Regierung zum Generalstreik[1929] auf. Um die Löhne weiterhin zu bezahlen, druckte die Reichsbank immer mehr Geldscheine mit immer höheren Nominalwerten – im November 1923 erreichte man den Höhepunkt mit einem Geldschein über 100 Billionen Mark. Die Notenpressen konnten mit der immer rasanteren Geldentwertung[1929] kaum mithalten: Reallöhne und Kaufkraft fielen ins Bodenlose, ein geordnetes Wirtschaftsleben wurde unmöglich. Am Ende vernichtete die Inflation[1929] von 1923 die Ersparnisse großer Teile der Bevölkerung, und die Inflationszeit[1929] blieb als traumatisches Ereignis lange in Erinnerung.

Deutschland drohte im Chaos zu versinken, und linke wie rechte Extremisten erhoben sich gegen die Reichsregierung: Anhänger der KPD[1929] (»Kommunistische Partei Deutschlands«) hofften auf einen revolutionären Umsturz nach dem Vorbild der russischen Bolschewiki[1929], der zur Gründung der UdSSR.[1929] geführt hatte. Im Westen des Reichs unterstützten Franzosen und Belgier Separatisten im Rheinland und der Pfalz. In Berlin machte man Jagd auf Jüdinnen und Juden im Scheunenviertel. Und in München wollten die Nationalsozialisten[1929] dem ›Marsch auf Rom‹ des Duce[1929] (»›Herzog‹: Mussolini«) und seiner Faschisten[1929] im Vorjahr nacheifern. Mit dem Weltkriegsgeneral Ludendorff als Gallionsfigur und unterstützt von den Schlägern seiner paramilitärischen SA.[1934] (»Sturmabteilung der NSDAP.«), versuchte Adolf Hitler[1934], Vorsitzender der 1920 gegründeten Nationalsozialistischen Deutschen Arbeiterpartei[1934], die Initiative zu ergreifen. Doch sein dilettantischer Putschversuch scheiterte schon an der Münchner Polizei. Die NSDAP.[1934] wurde zunächst verboten. Die Beteiligten erhielten vergleichsweise milde Strafen, die

Hitler zum Beispiel zum Abfassen des ersten Teils von »Mein Kampf« in seiner komfortablen Festungshaft in Landsberg nutzte.

Eine Stabilisierung der Verhältnisse trat erst ein, als Reichskanzler Gustav Stresemann den aussichtslosen Ruhrkampf[1934] beendete und die Umstellung von der Mark auf die Rentenmark[1929] und später die Reichsmark[1929] einleitete. In der Folge wurden die Verpflichtungen des offenbar überforderten Deutschen Reichs durch den nach einem US-Finanzexperten in der alliierten Reparationskommission[1929] benannten Dawesplan[1929] neu geregelt. Zudem verschaffte eine internationale Anliehe der Weimarer Republik eine gewisse Verschnaufpause. Später, als Außenminister, konnte Stresemann durch die Verträge von Locarno[1929] die außenpolitische Isolierung Deutschlands überwinden, was zur Aufnahme in den 1920 gegründeten Völkerbund[1929] führte. Gemeinsam mit seinem französischen Amtskollegen Aristide Briand[1929] erhielt Stresemann 1926 den Nobelpreis[1915].

In den vielbeschworenen goldenen zwanziger Jahren[1973]/Zwanzigerjahren[1996] erlebte das deutsche Geistes- und Kulturleben einen ungeheuren Aufschwung, und so fanden sich Dadaist[1929], Expressionist[1929], Futurist[1915] und Kubist[1915] im Duden ein. Das breite Publikum ergötzte sich an neuen Massenmedien wie Kino[1915] und Radio[1929]/Rundfunk[1929], lauschte den aktuellen Schlagern[1929] oder verausgabte sich bei Charleston[1929] (»moderner Tanz«), Foxtrott[1929] (»›Fuchsgang‹: Tanz«) und Jazz[1929] (»neue Musik- und Tanzart«). Revuen[1880] waren nicht mehr nur Heerschauen[1915], sondern fanden nun auch auf Revuebühnen[1929] statt, und anstelle der Soldaten[1880] paradierten Tanzgirls[1929]. Filmdiven[1929] und Sportler[1929] waren die neuen Idole ihrer Zeit. Die Erfolge des Feminismus[1929] (»Frauenemanzipation«) und der Frauenbewegung[1929], die unter anderem das aktive und passive Wahlrecht für Frauen erstritten hatten, sowie die scheinbaren

Freiräume, die die Großstadt etwa homosexuellen[1915] Menschen bot, werden im Rückblick jedoch stark verklärt.

Einer neuen Bekanntschaft, Cornelia Battenberg, die als studierte Juristin für den »neuen Modetyp, die intelligente deutsche Frau«, steht, dann aber Laufbahn und Liebe zugunsten einer Filmkarriere aufgeben wird, erläutert Fabian die Berliner »Topographie der Unmoral«:

> »Dort drüben, an dem Platz, ist ein Café, in dem Chinesen mit Berliner Huren zusammensitzen, nur Chinesen. Da vorn ist ein Lokal, wo parfümierte homosexuelle Burschen mit eleganten Schauspielern und smarten Engländern tanzen und ihre Fertigkeiten und den Preis bekanntgeben, und zum Schluß bezahlt das Ganze eine blondgefärbte Greisin, die dafür mitkommen darf. Rechts an der Ecke ist ein Hotel, in dem nur Japaner wohnen, daneben liegt ein Restaurant, wo russische und ungarische Juden einander anpumpen oder sonstwie übers Ohr hauen. In einer Nebenstraße gibt es eine Pension, wo sich nachmittags minderjährige Gymnasiastinnen verkaufen, um ihr Taschengeld zu erhöhen. [...] Soweit diese riesige Stadt aus Stein besteht, ist sie fast noch wie einst. Hinsichtlich der Bewohner gleicht sie längst einem Irrenhaus. Im Osten residiert das Verbrechen, im Zentrum die Gaunerei, im Norden das Elend, im Westen die Unzucht, und in allen Himmelrichtungen wohnt der Untergang.« »Und was kommt nach dem Untergang?« [...] »Ich fürchte, die Dummheit.«

Das negative Bild, das man sich in den weiten Provinzen des Reichs von Berlin als Hort von Luxus, Lust und Laster machte, war tief verwurzelt. In der Zeit der Weimarer Republik lebten noch immer fast 80 Prozent der Bevölkerung auf dem Land, wo zumeist Kirche und grundbesitzender Adel den Ton angaben. Soziale Aufstiegsmöglichkeiten etwa für Menschen aus dem Arbeitermilieu bot auch die neue Republik nicht. Eine Umverteilung von Vermögen fand nicht statt, selbst die heftig debattierte ›Fürstenenteignung‹ der früheren Herrscherdynastien kam letztlich nicht zustande. Die Eliten der Kaiserzeit verblieben in ihren Positionen in Bürokratie, in Justiz und Armee: So konnten rechte Straftäter stets auf größere Nachsicht hoffen, und die Reichwehr bildete einen republikfeindlichen ›Staat im Staate‹. Dass nach dem Tod des Sozialdemokraten Ebert 1925 ausgerechnet der kaiserliche Generalfeldmarschall Hindenburg, ein erklärter Gegner der parlamentarischen Demokratie, zum Reichspräsidenten gewählt wurde, sprach Bände.

Die Erholungsphase der Weimarer Republik, der eine Konjunktur buchstäblich auf Pump zugrunde lag, endete schließlich mit der Krise der Weltwirtschaft[1929] ab Ende 1929. In der Folge des New Yorker Börsenkrachs wurden die dringend benötigten Auslandskredite aus Deutschland abgezogen, insgesamt brach der Welthandel ein. Ein kundiger Journalist erklärt Fabian:

> »Erstens werden Reich und Wirtschaft in wachsendem Maße überfremdet«, behauptete der Redakteur. »Zweitens genügt ein Riß, und die ganze Bude fällt ein. Wenn das Geld mal in großen Posten abgerufen wird, sacken wir alle ab, die Banken, die Städte, die Konzerne, das Reich.«

Die Zahl der Arbeitslosen[1934] stieg sprunghaft an auf über sechs Millionen. Von der allgemeinen Notlage profitierten die Parteien der extremen Linken und Rechten, allen voran die Nationalsozialisten. Die offen ausgetragene politische Gewalt nahm bürgerkriegsähnliche Züge an. Kanzler Heinrich Brüning beantwortete die Krise mit einer Deflations[1929]-Politik und harten Sparmaßnahmen[1929], die die Verelendung der Massen noch beschleunigten. Die angestrebten Ziele aber, etwa den Warenexport durch ein geringeres Preis- und Lohnniveau in Deutschland anzukurbeln, wurden gänzlich verfehlt.

Auch Fabian verliert seine Arbeit als Werbefachmann und begibt sich wie Millionen andere auf »den morgendlichen Gang zur Stempelstelle«, dem täglichen Vorzeigen der Stempelkarte beim Arbeitsamt[1934], wo ihn eine kafkaeske[1973] Bürokratie und sinnlose Beschäftigungsmaßnahmen wie »Gratiszeichenkurse für Arbeitslose« erwarten.

Mit Brüning hatte ab 1930 die Zeit der Präsidialregierungen[1934] beziehungsweise Präsidialkabinette ohne parlamentarischen Rückhalt begonnen. Die Bildung von Koalitionsregierungen[1934] war zunehmend schwieriger geworden, sodass sich Brüning und seine Nachfolger auf den Reichspräsidenten und dessen Notverordnungen stützten. Zuletzt konnten Konservative und Reaktionäre im Januar 1933 den greisen Hindenburg überreden, Adolf Hitler, den Vorsitzenden der seit einem Jahr stärksten Partei im Reichstag, zum Reichskanzler zu ernennen. Man hoffte, das Wählerpotenzial der Nationalsozialisten, die nur mit zwei weiteren Personen im Kabinett vertreten waren, zum eigenen Vorteil instrumentalisieren zu können – doch genau das Gegenteil trat ein. In nur wenigen Wochen waren die entscheidenden Schritte auf dem Weg zu einer totalitären[1941] Diktatur[1880] getan und das verhasste System[1880/1941] (»Bez. für das Regime im Dt. Reich u. der Ostmark von 1918 bis 1933 bzw. 1938«) der Weimarer Republik am Ende.

Fabian kehrt schließlich in seine Heimatstadt zurück, hinter der sich ungenannt Dresden verbirgt, der Geburtsort Kästners, um seine geliebte Mutter zu besuchen und vielleicht eine Anstellung zu finden. Aber auch hier ist die Lage schwierig: Seine Eltern, kleine Geschäftsleute, ringen um ihre Existenz, und die politische Atmosphäre ist ebenso vergiftet wie in der Hauptstadt. Er trifft einen alten Klassenkameraden, der dem ›Stahlhelm[1929]‹

angehört, der größten und stramm rechten Organisation ehemaliger Frontsoldaten im Reich. Der Jurist sinnt auf Rache für den verlorenen Krieg, erwartet »einen Verzweiflungskampf« und ist großmäulig zu jedem Opfer bereit.

> »Zum Kampf kommt es gar nicht erst, wenn ihr anfangt«, sagte Fabian. »Es kommt gleich zur Verzweiflung.« […] »Dann gehen wir eben unter, kreuznochmal!« »Ich weiß nicht, ob das dem ganzen Volk recht ist«, wandte Fabian ein. »Wo nehmt ihr die Dreistigkeit her, sechzig Millionen Menschen den Untergang zuzumuten, bloß weil ihr das Ehrgefühl von gekränkten Truthähnen habt und euch gern herumhaut?«

Das Treffen endet mit einem verstohlenen Bordellbesuch, wo der wackere Schulfreund seinen Sadismus[1915] (»Wollustschmerz«) an Prostituierten ausleben kann – die Unmoral ist hier natürlich ebenso zuhause, nur nicht so offensichtlich wie in Berlin. Am nächsten Tag wägt Fabian seine Optionen ab: Anstellung als Propagandist für was auch immer bei einer »rechtsstehenden« lokalen Zeitung, Rückzug ins Erzgebirge oder mutig zu irgendeiner Tat schreiten? Will er weiterhin nur Zuschauer bleiben oder als »Akteur im Welttheater« eingreifen? Eine Handlungsmöglichkeit – Achtung hier muss gespoilert[2020] werden! – ergibt sich schon auf der nächsten Brücke: Er springt einem Jungen nach, der vom Geländer ins Wasser hinabgefallen war. »Der kleine Junge schwamm heulend ans Ufer. Fabian ertrank. Er konnte leider nicht schwimmen«, endet der Roman lapidar.

Gleich nach der Veröffentlichung wendet sich Kästner, der zu den bekanntesten deutschen Autoren seiner Zeit zählte – sein Kinderbuch »Emil und die Detektive« von 1929 wurde wie die gleichnamige Verfilmung zwei Jahre später zu einem weltweiten Erfolg –, in einem Artikel gegen die »Sittenrichter«:

> Dieses Buch ist nichts für Konfirmanden, ganz gleich, wie alt sie sind. [...] Doch sie stolpern nicht nur über die sekundären Geschlechtsmerkmale. Sie werden dem Autor nicht nur vorwerfen, er sei ein Pornograph. Sie werden auch behaupten, er sei ein Pessimist, und das gilt bei den Sittenrichtern sämtlicher Parteien und Reichsverbände für das Ärgste, was man einem Menschen nachsagen kann. Sie wollen, daß jeder Bürger seine Hoffnung im Topf hat. [...] Der Autor erwidert hierauf: Ich bin ein Moralist! Er sieht, daß die Zeitgenossen, störrisch wie die Esel, rückwärts laufen, einem klaffenden Abgrund entgegen, in dem Platz für sämtliche Völker Europas ist.

Tatsächlich gehörte »Fabian« zu den Werken, die zwei Jahre später bei den durch die Nationalsozialisten im ganzen Reich organisierten Bücherverbrennungen in die Flammen geworfen wurden. In den vorgegebenen Parolen gegen Literaten sollte Kästners Name an dritter Stelle gebrüllt werden: »Für Zucht und Sitte in Familie und Staat! Ich übergebe der Flamme die Schriften von Heinrich Mann, Ernst Glaeser und Erich Kästner.« Für die Nazis[1947] waren Kästners schonungslose Schilderungen und düsteren Zukunftsaussichten ein Ausdruck der verhassten sogenannten Asphaltkultur[1941], »die volksfremde sog. Kultur der Nachkriegszeit«, wie die 12. Dudenauflage pflichtschuldig erläutert, beziehungsweise der Asphaltliteratur[1941] – die Asphaltpresse[1934], die »den Masseninstinkten dienende Großstadtpresse«, hatte es schon in die 11. Auflage geschafft.

Nun gaben »völkische Heißsporne«, die Theodor Matthias in seinem Vorwort von 1929 noch in die Schranken gewiesen hatte, den Ton an, und Satire, deren Berechtigung der Dudenredakteur anerkannt hatte, war nicht mehr gewünscht. So blieb Matthias' 10. Auflage nicht lange gültig: Zu groß waren die neuen Umwälzungen. Wie von Kästner und vielen anderen vorhergesehen, steuerte Europa mit Deutschland am Ruder »einem klaffenden Abgrund entgegen«.

In Berlin erinnert heute ein Denkmal am Ort der Bücherverbrennung an die Vorkommnisse von 1933. Auf einer Tafel ist dazu der berühmte, prophetisch gedeutete Satz von Heinrich Heine[1915–1934/1947/L1957–L1967], der während der NS-Zeit aus dem Duden verbannt wird, zu lesen: »Das war ein Vorspiel nur, dort wo man Bücher verbrennt, verbrennt man am Ende auch [sic!] Menschen.« Das Zitat stammt aus Heines historischem Drama »Almansor« von 1821/23 und bezieht sich dort auf den Koran[1880].

Machtergreifung und Volksverräter

Der Duden in der NS-Zeit

Im Frühjahr/Sommer 1933 notiert der Dresdner Literaturwissenschaftler und Romanist Victor Klemperer[2009] in seinem Tagebuch:

> [20. April] Wieder eine neue Festgelegenheit, ein neuer Volksfeiertag: Hitlers Geburtstag. »Volk« wird jetzt beim Reden und Schreiben so oft verwandt wie Salz beim Essen, an alles gibt man eine Prise Volk: Volksfest, Volksgenosse, Volksgemeinschaft, volksnah, volksfremd, volksentstammt ... [...] [9. Juli] Seitdem beobachte ich, daß an die Stelle der »nationalen Erhebung« die »nationalsozialistische Revolution« gerückt ist und daß man Hitler häufiger als zuvor »Volkskanzler« nennt und daß man vom »totalen Staat« spricht.

Ein Blick in die Dudenwörterbücher von 1929, 1934 und 1941 bestätigt Klemperers Eindruck: Der ›völkische‹ Wortschatz verdoppelt sich beinahe von Auflage zu Auflage. Verantwortlich für den Band von 1934 war Otto Basler, ein Sprachwissenschaftler, Bibliothekar und Hochschullehrer sowie Vorstand der deutschen Heeresbücherei in Berlin und später Direktor der Bayerischen Armeebibliothek in München. Schon in der 11. Auflage, erschienen ein Jahr nach der Machtübernahme Adolf Hitlers[1934] (»dtsch. Reichskanzler; der ›Führer‹«) und seiner Nationalsozialistischen Deutschen Arbeiterpartei[1934], findet sich NS.[1941]-Vokabular in großer Menge. Offenbar hatte man bei den Vorarbeiten sofort die neuen politischen Verhältnisse ins Auge gefasst. Dies machte aus Sicht des Verlags, dessen Chefs bereits im Mai 1933 der NSDAP.[1934] beigetreten waren, durchaus Sinn: Dass ganze Wissensbestände und damit die Basis des ökonomischen Erfolgs praktisch über Nacht abgewertet werden konnten, hatte das Bibliographische Institut wie andere auf Informationsliteratur spezialisierte Verlage schon einmal 1918/19 erleben müssen. Hier kamen Basler und seine Mitarbeiter den Eingriffen der Nazis[1947] zuvor, für die die Gleichschaltung[1934] des kulturellen Lebens im Hinblick auf eine umfassende Propaganda[1880] von zentraler Bedeutung war. Unter diesem Eindruck trifft der Duden seit 1941 auch die noch heute übliche Unterscheidung zwischen Werbung[1880] (»für wirtschaftl. Privatzwecke«) und Propaganda (»polit. Führungsmittel«).

Joseph Goebbels[1934], Reichspropagandaleiter[1934] der NSDAP und seit 1933 ›Reichsminister für Volksaufklärung[1941] und Propaganda‹, ließ noch im selben Jahr die Reichskulturkammer[1934] (»Abk.: RKK«) gründen, um alle Kulturschaffenden zu organisieren und zu kontrollieren; den Vorsitz übernahm er selbst. Als eine der insgesamt sieben untergeordneten Einzelkammern war die Reichsschrifttumskammer[1941] (»Abk.: RSK«) für Berufe zuständig, die mit der Produktion und Verbreitung von Büchern befasst waren. Diese waren wiederum in verschiedene Abteilungen/Fachschaften organisiert, etwa für den Buchhandel oder die Bibliotheken. Die Mitgliedschaft war obligatorisch; unerwünschte Personen, darunter ›linke‹ Autorinnen und Autoren oder solche ohne Ariernachweis[1941] wie Klemperer, blieben ausgeschlossen oder wurden im Lauf der Zeit mit Berufsverboten[1973] belegt.

Volksdichte[1934] im Duden

1929	Volk, Völker, Volkes Stimme Gottes Stimme, volkarm, Völkchen, Völklein, Völkerbund, Völkerkunde, Völkerrecht, Völkerschlacht, Völkerbundspolitik, Völkerbundstagung, Völkerbundsversammlung, völkerrechtlich, Völkerrechtskundler, volkhaft, Volkheit, volkheitlich, völkisch, volklich, Völklein, Völkchen, volkreich, Volksdichtung, Volksentscheid, Volksfreund, Volksgunst, Volkshochschule, Volkskirche, Volkskommissar, Volkskommissariat, Volkskunde, Volkskundler, Volkslied, Volksmasse, Volksnähe, Volkspartie, Volksschule, Volksstoff, Volksstück, Volksverband, Volksverbundenheit, Volksweise, Volkswirtschaft, Volkszählung, volkskirchlich, volkskundlich, volksmäßig, Volkstum, Volkstümlichkeit, Volkswirtschaftslehre, Volkswirtschaftsrat

1934 Volk, Völker, Volkes Stimme Gottes Stimme, volkarm, Völkchen, Völklein, Völkerball (Ballspiel), Völkerbund, Völkerkunde, Völkerleben, Völkerrecht, Völkerschlacht, Völkerwanderung, Völkerbundstagung, Völkerbundsversammlung, völkerrechtlich, Völkerrechtskundler, Völkerrechtslehrer, volkhaft, Volkheit, volkheitlich, völkisch, Völkischer Beobachter (Zeitung), volkisch, Völklein, Völkchen, volkreich, volkskirchlich, volkskundlich, volksmäßig, volksnah, volkssprachlich, volkstümlich, volksverbunden, volkswirtschaftlich, Volksbildung, Volksbuch, Volksdichte, Volksdichtung, Volksfeind, Volksgeist, Volksgemeinschaft, Volksgenosse, Volksgericht, Volksgerichtsbarkeit, Volksgesundheit, Volksheer, Volkshochschule, Volkskirche, Volkskunde, Volkskundler, Volkskunst, Volksleben, Volkslied, Volksnähe, Volksrecht, Volksschädling, Volksschule, Volksschüler, Volksschülerin, Volksschullehrer, Volkssprache, Volksstück, Volkstracht, Volksverband, Volksverbundenheit, Volksweise, Volkswirtschaft, Volkswohl, Volkszählung, Volkstum, Volkstümlichkeit, Volkstum(s)kunde, Volks- und Staatsfeind, Volkswirtschaftslehre, Volkswerbung

1941 Volk, volkarm, Völkchen, Völklein, Völkerball, Völkerbund, Völkerbundstagung, Völkerkunde, Völkerkundler, völkerkundlich, Völkerraum, Völkerrecht, völkerrechtlich, Völkerrechtskundler, Völkerrechtslehrer, Völkerschlacht, Völkerwanderung, volkhaft, Volkheit, volkheitlich, Volkheitskunde, völkisch, Völkischer Beobachter (Zeitung; Abk.: VB.), volkisch, volkreich, Volksabstimmung, Volksaufklärung, Volksbegehren, Volksbeglücker, Volksbeglückung, volksbewußt, volksbildend, Volksbildung, Volksbildungswerk, Volksboden, Volksbuch, Volksbücherei, Volksbund, Volksbund für das Deutschtum in Ausland, volksdeutsch (dem Volkstum [nicht der Staatsangehörigkeit] nach deutsch), Volksdeutsche, Volksdeutung (auch für Volksetymologie), Volksdichte, Volksdichtung, Volksempfänger (Rundfunkgerät; Abk.: VE.), Volksentscheid, Volksetymologie (Volksdeutung), Volksfeind, volksfremd, Volksfremde, Volksganze, Volksgasmaske (Abk.: VM.), Volksgeist, Volksgemeinschaft, Volksgenosse (Abk.: Vg.), Volksgericht, Volksgerichtsbarkeit, Volksgerichtshof, Volksgesundheit, Volksheer, Volksheld, Volksherrschaft, Volkshochschule, Volksinsel, Volkskanzler, Volkskartei, Volkskirche, volkskirchlich, Volkskunde, Volkskundler, volkskundlich, Volkskunst, Volksleben, Volkslied, volksmäßig, Volksmittelschule, Volksmund, volksnah, Volksnähe, Volksordnung, Volkspflege, Volkspflegerin, Volksrecht, Volksschädling, Volksschauspiel, Volksschule, Volksschüler, Volksschülerin, Volksschullehrer, Volksseele, volkssorgerisch, Volkssprache, volkssprachlich, Volksstaat, Volksstück, Volkstanz, Volkstod, Volkstracht, Volkstum, volkstümlich, Volkstümlichkeit, Volkstumsforschung, Volkstumsinsel, Volkstumskampf, Volkstumspflege, Volksverband, volksverbunden, Volksverbundenheit, Volksvermögen, Volksverrat, Volksverräter, Volkswagen, Volkswagenwerk, Volksweise, Volkswirt, Volkswirtschaft, volkswirtschaftlich, Volkswirtschaftslehre, Volkswohl, Volkswohlfahrt (NS.-Volkswohlfahrt; Abk.: NSV.), Volkszählung, Volkwerdung

Die Eingriffe der Nazis in die Verlagsarbeit erlebte das Bibliographische Institut bei der Neuauflage von »Meyers Lexikon« ab 1936: Wöchentlich kam – auf Verlagskosten – ein Mitarbeiter der 1934 eingerichteten Zensurstelle der NSDAP nach Leipzig und redigierte oder erstellte selbst ganze Artikel. Obwohl man sich von Seiten des Verlags so zur Absicherung einer Vorzensur unterwarf, entdeckte die Partei selbst bei bereits gebundenen Bänden immer wieder Änderungswünsche, sodass einzelne Blätter aufwendig ausgetauscht werden mussten. Um bei Meinungsverschiedenheiten Druck auszuüben, wurden Verlagschefs und -mitarbeiter auch direkt zur Parteistelle nach Berlin beordert. Der sogenannte Nazi-Meyer geriet so tendenziös, dass er sich als Verlustgeschäft erwies. Die Veröffentlichung endete 1942 beim 9. Band »Rakett bis Soxhlet« mit einem Eklat, der sogar die Diplomatie beschäftigte: Der Band wurde in der Schweiz aufgrund einiger, wie man meinte, unerfreulicher Bemerkungen über das Land verboten. Dies gab dem Verlag letztlich aber die Möglichkeit, das ungeliebte Projekt einzustellen. Eine neutralisierte Ausgabe für das Ausland, wie sie das Bibliographische Institut vorschlug und das Propagandaministerium[1934] schließlich beauftragte, kam nicht mehr zustande.

Ob ähnliche Eingriffe der Partei bei der Redaktion des »Dudens« erfolgten, ist ungewiss. Die Praxis aber, bei Personen gegebenenfalls eine jüdische Herkunft anzugeben, wurde in der 12. Auflage von 1941 aus »Meyers Lexikon« übernommen. Seit 1934 ergänzten gesonderte Bände zu Stil und Grammatik sowie ein Bildwörterbuch den Rechtschreibduden, die insgesamt zur »Dudenbibliothek« zusammengefasst wurden. Von dem Bildwörterbuch erschienen 1937 noch Übersetzungen ins Englische und Französische, 1939 ins Italienische und 1940 ins Spanische. Die große Nachfrage ersetzte zum Teil die Verluste, die der Verlag mit dem Nazi-Meyer erlebte.

Entdeutschung[1934] und Verjudung[1929]

Heine	1929	dtsch. Dichter
	1934	Dichter
	1941	–
Lassalle	1929	Gründer einer deutschen Arbeiterbewegung
	1934	Gründer einer deutschen Arbeiterbewegung
	1941	jüdischer Mitbegründer der Sozialdemokratie
Mendelssohn-Bartholdy	1929	dtsch. Tondichter
	1934	Tondichter
	1941	jüd. Tondichter
Spinoza	1929	pantheistischer Philosoph
	1934	niederl. Philosoph
	1941	jüd. Philosoph

Mit der Ernennung Hitlers zum Reichskanzler und der Machtergreifung[1934] der Nationalsozialisten, die selbst den Begriff Machtübernahme[1934] bevorzugten, weil dieser eher den Anschein der Legitimität vermittelte, begann ab Januar 1933 der Aufbau einer totalitären[1941] Diktatur[1880]. Die ersten Konzentrationslager[1934] (»Sammellager für Zivilgefangene, Volksschädlinge«) wurden sogleich im März 1933 eingerichtet und ermöglichten es, außerhalb des etablierten Rechtssystems Menschen in Schutzhaft[1941] zu nehmen, zu foltern und zu töten.

Nach dem Reichstagsbrand[1973] im Februar, für den man die Kommunisten verantwortlich machte, wurden per Notverordnungen[1934] des Reichspräsidenten Grundrechte wie die Versammlungs- und Pressefreiheit weitgehend außer Kraft gesetzt. Bei den Wahlen im März 1933, die von massiven Repressionen gegen die politische Linke begleitet wurden, erlangten die Nazis zwar nicht die erhoffte absolute Mehrheit, konnten aber mit Nationalkonservativen eine Koalition bilden. Mit dem Ermächtigungsgesetz[1934], für das alle Parteien außer den noch nicht verhafteten oder untergetauchten Abgeordneten der SPD stimmten – die Vertreterinnen und Vertreter der KPD waren längst eingesperrt oder geflohen –, erhielt die Regierung das Recht, in Zukunft selbst Gesetze zu erlassen ohne Kontrolle durch das Parlament und auch gegen die Bestimmungen der Verfassung. In der Folge lösten sich die Parteien auf oder wurden verboten. Im Dezember verkündeten man die ›Einheit von Staat und Partei‹; die Länder des Reichs wurden im Januar 1934 gleichgeschaltet[1934]. Interner Kritiker und unbequemer Kampfgefährten wie den Anführer der SA.[1934] (»Sturmabteilung der NSDAP.«) Ernst Röhm entledigte sich Hitler 1934 im sogenannten Röhm-Putsch. Nach dem Tod Hindenburgs Anfang August 1934 wurde das Amt des Reichspräsidenten mit dem des Reichskanzlers vereinigt; fortan regierte Hitler als »Führer und Reichskanzler«, wie auch der Duden 1941 erläutert.

Mit Sozialprogrammen und Arbeitsbeschaffungsmaßnahmen, die zum Teil schon länger geplant waren, aber vor allem mit massiven Investitionen in die Rüstung gingen die Nazis gegen die Wirtschaftskrise[1934–1941/1961] und die Massenarbeitslosigkeit vor. Gleichzeitig konnten sie von einer allgemeinen Verbesserung der Konjunktur profitierten. Noch im März 1933 wurden Hunderttausende Pfändungen aus der Zeit der Wirtschaftskrise gestoppt, und künftig schützte das Reichserbhofgesetz[1934] landwirtschaftliche Betriebe vor der Überschuldung: Die Bauernschaft war eine der wichtigsten Stützen des NS-Regimes und wurde, organisiert im Reichsnährstand[1934], im Sinne der ›Blut-und-Boden‹-Ideologie propagandistisch aufgewertet. Eine Reichsfinanzreform privilegierte Ehepaare gegenüber Einzelpersonen, zudem wurde erstmals ein Kindergeld[1961/L1985] in Form der Kinderbeihilfe[1941] eingeführt sowie Rentner und Rentnerinnen krankenversichert – heute Selbstverständlichkeiten im deutschen Wohlfahrtsstaat und durchaus keine Errungenschaften der Sozialdemokratie. Auch die Einführung des Muttertags[1941] als offizieller Feiertag geht auf die Nazis zurück und war Teil einer Familienpolitik, die letztlich auf die Stärkung arischer[1934] Herrenmenschen[1941] abzielte – denn alle Vergünstigungen durften am Ende selbstverständlich nur erbgesunden[1934] und rassereinen[1941] Menschen zugutekommen. Um sich auf die ihnen dabei zugedachte Rolle als Hausfrauen und Mütter vorzubereiten, sollten sich Mädchen und Frauen im Bund Deutscher Mädel[1934] (»Abk.: BDM.«), anschließend im »BDM.-Werk« Glaube und Schönheit[1941] und als Erwachsene in der NS-Frauenschaft[1934] organisieren, die der Reichsfrauenführerin[1941] unterstand.

Feminismus[1929] 1929–1941

1929	Frauenemanzipation; Betonung des Weiblichen
1934, 1941	überstarke Betonung des Weiblichen; Vorherrschaft unmännlicher Anschauungen

Auch während des Kriegs zeigte sich der NS-Staat großzügig: Zusätzlich zu einem üppigen Sold erhielten die Soldatenfamilien eine Lohnfortzahlung von 90 Prozent ihres früheren Einkommens. Auch um die Arbeitsmoral aufrechtzuerhalten, wurden nach dem Sieg über Frankreich 1940 Sonn-, Feiertags- und Nachtarbeitszuschläge steuerbefreit. 1941 erfolgte schließlich eine Rentenerhöhung um 15 Prozent als deutliches Zeichen, dass die sich mittlerweile abzeichnenden Niederlagen an der Front die Stärke des Regimes nicht beeinträchtigten. Diese und andere Maßnahmen, etwa die von der Organisation Kraft durch Freude[1934] veranstalteten Reisen (»KdF.-Fahrt«) oder die für eine breite Masse erschwinglichen Volksempfänger[1941] (»Rundfunkgerät; Abk.: VE.«) und Volkswagen[1941], schufen ein Gefühl der Zugehörigkeit zu einer Volksgemeinschaft[1934]. Hinzu kamen eine ausgeklügelte Propaganda, die den Führer zu einer Art Übermenschen verklärte, sowie die Mitgliedschaft großer Teile der Bevölkerung – ob freiwillig oder nicht – in den zahllosen Parteiorganisationen. Massenveranstaltungen wie die Reichsparteitage[1941] verbreiteten ihre Wirkung. Ein besonderes Interesse lag bei Kindern und Jugendlichen, die im BDM und in der Hitler-Jugend[1934] (»Abk.: HJ.«) ganz im Sinne der NS-Ideologie geschult wurden. Letztlich diente alles der Vorbereitung eines neuen Kriegs – der Bau strategisch geplanter Autobahnen[1934] ebenso wie der Wehrsport[1934] an Hochschulen. Finanziert wurden die Wohltaten teilweise durch den Einzug jüdischer Vermögen, etwa durch die zynisch als ›Sühneleistung‹ deklarierte Zwangsabgabe nach der Kristallnacht[1973]/Pogromnacht[1991] 1938, später durch die Ausplünderung der im Krieg besetzten Gebiete. Die wichtigste Rolle spielte jedoch eine wachsende Staatsverschuldung – Angaben zum Reichshaushalt wurden seit 1933 nicht mehr veröffentlicht –, die eine militärische Expansion abgesehen von den politischen Zielen auch ökonomisch fast notwendig machte.

Der Widerstand gegen das NS-Regime war nach der raschen Ausschaltung von KPD und SPD, deren Anhängerschaft vereinzelt im Untergrund oder vom Ausland aus aktiv blieb, marginal. Vereinzelte Aktionen etwa rund um den Zwanzigsten Juli[1967] (»Tag des Gedenkens an den 10. Juli 1944, den Tag des Attentats auf Hitler«) wurden im Nachhinein stark überbetont und verklärt. Hitlers vermeintliche Erfolge verstärkten die weit überwiegende Zustimmung für seine Herrschaft: der Aufbau einer schlagkräftigen, auf den Führer persönlich vereidigten Wehrmacht[1934], 1935 die Rückgewinnung des Saargebiets[1929], 1936 die Besetzung des entmilitarisierten Rheinlands und die glanzvollen Olympischen

Spiele, 1938 die Lösung der Anschlußfrage[1934] durch die Einverleibung Österreichs und die Annexion des Sudetenlands[1941] sowie 1939 die Zerschlagung der sogenannten Rest-Tschechei[1941]. Angesichts dessen war das Regime nicht auf eine gewaltsame Unterdrückung der Bevölkerungsmehrheit angewiesen, sondern konnte sich auf seine Integrationskraft und eine allgemeine Akzeptanz verlassen. Erst später, als der Krieg einen ungünstigen Verlauf nahm, griffen Gestapo[1941] (»Geheime Staatspolizei«), die SS.[1934] (»Schutzstaffel der NSDAP.«) sowie die NS-Justiz härter durch, was sich etwa an einem sprunghaften Anstieg von Todesurteilen durch den Volksgerichtshof[1941] ablesen lässt.

Auch die grausame Verfolgung von Minderheiten stützte sich nicht nur auf die NS-Rassenlehre[1941], sondern konnte auf bereits tiefverwurzelten Ressentiments bauen. Dies betraf neben Jüdinnen und Juden unter anderem Zigeuner[1880]/Roma[1986] und Sinti[1986] sowie homosexuelle[1915] und vermeintlich asoziale[1929] Menschen. Genauso verhielt es sich bei der als Euthanasie[1929] (»schönes, leichtes Sterben«) verbrämten Ermordung von verkrüppelten[1915]/schwachsinnigen[1915]/erbkranken[1934] Behinderten[1980] (2013: »Menschen mit Behinderung«). Rassistische[1973] und sozialdarwinistische[2004] Konstrukte waren zeittypisch und nicht nur in Deutschland populär, ließ sich doch mit ihnen zum Beispiel die Ausbeutung in den europäischen Kolonialreichen rechtfertigen. Vor diesem Hintergrund stellte der Antisemitismus[1934] – ihm waren im Duden das Adjektiv antisemitisch[1887] (»judenfeindlich«) und der Antisemit[1915] (»Judenfeind«) vorausgegangen – den Anti-Judaismus[1915], der eine lange Tradition im Christentum hatte, auf eine neue, pseudowissenschaftlich[1961] hergeleitete Basis. Verbreitet wurde der Begriff im Deutschen durch die 1879 gegründete ›Antisemitenliga‹ und die zeitgleiche, im Nachhinein ›Antisemitismusstreit‹ genannte Kontroverse um die ›Judenfrage‹. Diese hob auf den vermeintlichen Einfluss von Juden in Politik und Wirtschaft ab und bezweifelte ihre Loyalität zum Staat ebenso wie ihre Fähigkeit und ihren Willen zur Assimilation[1880] in der Gesellschaft. In diesen Zusammenhang gehören auch Begriffe wie Zinsknechtschaft[1934] und Weltjude[1941], die in den Dudenauflagen der NS-Zeit auftauchen. Homophobie[2013], Antiziganismus[2017] und Ableismus[2020] fanden erst später den Weg in den Duden.

Wie die sukzessive Entrechtlichung der jüdischen Bevölkerung, etwa durch die Nürnberger Rassengesetze[1941] 1935 oder den Zwang zum Tagen des Judensterns[1973] ab 1941, von einer sprachlichen Entmenschlichung vorbereitet und begleitet wurde, beschreibt Victor Klemperer in seinem Werk »LTI – Notizbuch eines Philologen« von 1947. Die *Lingua Tertii Imperii*, die ›Sprache des Dritten Reichs‹, zeichnet sich nicht nur durch eine Obsession für Abkürzungen aus (›Aküsprache[1941]‹), die Klemperer gleich mit dem Titel karikiert, sondern unter anderem durch Biologisierung (aufnorden[1934], arisieren[1941], deutschblütig[1941]), Mechanisierung (verankern[1934], ankurbeln[1941]) und einen Hang zur Maßlosigkeit (Großdeutschland[1934]) – die angeführten Beispiele finden sich bei Klemperer und im Duden.

Rassenbegriffe[1941] im Duden

1929 Rasse (Art, Gattung, Schlag), rassebewußt, Rassehund, Rassepferd, Rassenhaß, Rassenkampf, Rassenkreuzung, Rassenkunde, rassig, -rassig (nordrassig usw.), rassisch, rassisch(e)ste

1934 Rasse, rassebetont, rassebewußt, Rassehund, Rassepferd, rassekundlich, Rassenhaß, Rassenhygiene (Erbgesundheitspflege), Rassenkampf, Rassenkreuzung, Rassenkunde, rassig, rassisch, rassisch(e)ste

1941 Rasse, Rassehund, Rassenaufartung, Rassenbegriff, rassenbetont, rassenbewußt, Rassenbewußtsein, Rassenforscher, Rassenforschung, Rassenfrage, Rassengedanke, Rassengemisch, Rassengeschichte, Rassengesetz, Rassenhaß, Rassenhygiene (Erbgesundheitslehre, -pflege), rassenhygienisch, Rasseninstinkt, Rassenkampf, Rassenkunde, rassenkundlich, Rassenlehre, Rassenmerkmal, Rassenpolitik, rassenpolitisch (aber: das Rassenpolitische Amt der

NSDAP.), Rassenschande, Rassenschänder, rassenschänderisch, Rassenschändung, Rassenschutz, Rassenseele, Rassentrennung, Rassenverfall, Rassenvermischung, Rassenverrat, Rassepferd, rasserein, Rassereinheit, Rassenschutz [sic!], Rasse- und Siedlungsamt, rasseveredelnd, rassig (von ausgeprägter edler Art), rassige Erscheinung, rassisch (der Rasse entsprechend, auf die Rasse bezüglich), rassisch(e)ste, rassische Eigentümlichkeiten

Neben einem rassischen Überlegenheitsgefühl brachte die Unterstützung des Regimes aber auch handfeste wirtschaftliche Vorteile, etwa bei der Arisierung[1941] jüdischer Unternehmen oder den allgegenwärtigen Versteigerungen des Besitzes früherer jüdischer Nachbarinnen und Nachbarn. Die Deportationen[1880] fanden ebenso unter den Augen der Öffentlichkeit statt wie die Ausbeutung von Kriegsgefangenen[1915] sowie Zwangsarbeiterinnen[1991] und Zwangsarbeitern[1991]. Diese kamen nicht nur auf praktisch jedem Bauernhof zum Einsatz, sondern auch in unzähligen KZ[1947]-Außenlagern, die sich gut sichtbar über deutsche Städte verteilten und häufig im Zusammenhang mit Industriebetrieben standen. Die Mehrheit der Deutschen wurde so zu Augenzeugen, willigen Komplizen und Profiteuren.

Mit dem Überfall auf Polen begann am 1. September 1939 der zweite Weltkrieg[L1951/1954]. Zuvor hatte das NS-Regime mit dem ideologischen Hauptgegner, der UdSSR unter Josef Stalin[1941], einen Nichtangriffspakt geschlossen (›Hitler-Stalin-Pakt‹) und zusätzlich heimlich die Aufteilung Polens und des Baltikums vereinbart. Hatte man den immer größeren Forderungen Hitlers im Zuge der Appeasement[1980]-Politik bisher immer nachgegeben, so standen Frankreich und Großbritannien nun zumindest theoretisch zu ihren Garantieverpflichtungen gegenüber Polen und erklärtem dem Deutschen Reich den Krieg. Zu militärischen Auseinandersetzungen kam es jedoch erst mit dem ›Westfeldzug‹ 1940, in dessen Folge die Deutschen die Niederlande, Luxemburg und Belgien sowie die Nordhälfte Frankreichs besetzten. Im Süden Frankreichs übernahm die mit den Nazis kollaborierende Vichy-

Regierung die Macht. Die raschen Siege stärkten erneut das NS-Regime nach innen, auch wenn sich die Kriegsbegeisterung im Vergleich zu 1914 in Grenzen hielt. Das Großdeutsche Reich[1941] schien auf dem Höhepunkt seiner Macht.

Der Krieg der Achsenmächte[1941] (»die Staaten der Achse Berlin-Rom«) – noch ergänzt um Japan – weitete sich schnell zu einem globalen Konflikt aus: die Besetzung Dänemarks und Norwegens im Sommer 1940, im Frühjahr 1941 der ›Balkanfeldzug‹ gegen Jugoslawien und Griechenland und der ›Afrikafeldzug‹ zur Unterstützung der Italiener in Nordafrika sowie im Sommer 1941 der Überfall auf die Sowjetunion und der Kriegseintritt der USA nach dem japanischen Angriff auf den US-Flottenstützpunkt Pearl Harbor[1973] im Dezember des Jahres.

Hitler ließ es sich nicht nehmen, von verschiedenen Führerhauptquartieren[1941] aus persönlich in den Kriegsverlauf einzugreifen. Ihm ging es hauptsächlich um die Eroberung von Lebensraum[1929] im Osten: Die Volksdeutschen[1941] sollten im Ostraum[1934] (»die Ostgebiete zwischen Dt. Reich u. der Sowjetunion«) und letztlich bis zum Ural neue Siedlungsgebiete erhalten. Die Slawen als Untermenschen[1914] wollte man versklaven oder durch Umvolkung[1941] verdrängen. Die im Vergleich zu Westeuropa großen jüdischen Minderheiten waren gänzlich auszulöschen. Überall in den von Deutschen besetzten Gebieten kam es zur Verfolgung von Jüdinnen und Juden, wobei man immer auf das Kollaborieren[1880] der lokalen Behörden und Polizeikräfte angewiesen war. Die Spielräume zum Schutz der jüdischen Bevölkerung werden offenbar, wenn man die wenigen Beispiele betrachtet, in denen sich den deutschen Bestrebungen widersetzt wurde, wie etwa in Dänemark. Menschen, die in den besetzten Gebieten West- und Nordeuropas des Widerstands verdächtigt wurden, ließ man ab 1941 in Nacht-und-Nebel-Aktionen[1980] spurlos verschwinden.

Nirgendwo zeigte sich jedoch die äußerste Brutalität des vom NS-Regime geführten Raub- und Vernichtungskriegs[1991] so deutlich wie im Osten: Millionen sowjetische Kriegsgefangene ließ man unversorgt verenden. Bei Massakern wie in Babyn Jar bei Kyjiw wurden innerhalb weniger Tage zehntausende Menschen getötet (›Holocaust of Bullets‹). Dabei kam unter Federführung der SS neben lokalen Kräften – hier konnten sich die Nazis wieder auf den weitverbreiteten Antisemitismus stützen wie zahllose Pogrome[1915] belegen – auch die Wehrmacht zum Einsatz: Die Verbrechen deutscher Soldaten im Zweiten Weltkrieg, vor allem ihre Beteiligung an Völkermorden[1986], wurden der deutschen Öffentlichkeit erst ab den 1990er-Jahren durch spezielle Wehrmachtsausstellungen in Erinnerung gerufen.

Unter den Bedingungen des Vernichtungsfeldzugs[1991] in Osteuropa wurde schließlich ab 1941 auch der industriell organisierte Massenmord an Millionen Menschen, allen voran europäischen Jüdinnen und Juden geplant und umgesetzt. Über speziell eingerichtete Durchgangslager[1973] und Gettos[1880] führte der Weg in die Vernichtungslager[1991] im heutigen Polen und Belarus wie Auschwitz[1967/L1967] – die sogenannten Frankfurter Auschwitzprozesse in den 1960er-Jahren machten den Namen in Deutschland besonders bekannt ebenso wie den Begriff Schreibtischtäter[1973]. Die Tötung in Gaskammern und die anschließende Verbrennung der Leichen in Krematorien[1905] hatten sich als ›effizientester‹ Weg zur angestrebten ›Endlösung der Judenfrage‹ erwiesen. Hinzu kam die ›Vernichtung durch Arbeit‹ – deutsche Firmen beschäftigten im großen Stil Kriegsgefangene und KZ-Häftlinge[2009] – sowie medizinische Versuche an lebenden Menschen.

Für die Judenverfolgung[1973] und den Genozid[1973] an den europäischen Jüdinnen und Juden haben sich die Bezeichnungen Holocaust[1986] und Schoah[2000] etabliert. *Holocaust* (»Brandopfer«) stammt aus der griechischen Bibel und wurde zuerst im angelsächsischen Sprachraum allgemein für Massenmorde oder massenhaftes Sterben verwendet. In Deutschland machte die 1979 ausgestrahlte US-Fernsehserie »Holocaust – Die Geschichte der Familie Weiß«, die eine breite öffentliche Debatte auslöste, den Begriff bekannt. *Schoah* (»Katastrophe, Untergang«) stammt aus dem Hebräischen und fokussiert anders als Holocaust eher auf die jüdischen Opfer. Das Romani-Wort Porrajmos[2024] (»Vertilgung, das Verschlingen«) als Terminus für den Völkermord an Sinti und Roma ist die jüngste Ergänzung in diesem Wortfeld.

Spätestens mit der Niederlage in der Schlacht von Stalingrad[1947] Anfang Februar 1943 geriet die Wehrmacht, die ihre Kräfte völlig überspannt hatte, in die Defensive. Im Juli des Jahres landeten die Alliierten auf Sizilien, knapp ein Jahr später, am 6. Juni 1944, dem *D-Day*, in der Normandie. Schon durch die alliierten Luftangriffe[1961] auf deutsche Städte war auch das Deutsche Reich selbst – anders als im Ersten Weltkrieg – massiv von Zerstörungen betroffen. Dabei zeigte sich das Versagen der deutschen Luftwaffe[1941], die Hermann Göring[1934–1941] unterstand, dem zweiten Mann im NS-Staat nach Hitler, 1934 als »dtsch. Reichsminister« im Duden, 1941 als »Reichsmarschall« und 1947 gestrichen. Bereits 1936 hatte die deutsche ›Legion Condor‹ im Spanischen Bürgerkrieg zur Unterstützung der Faschisten Francos[L1957/1967] die baskische Stadt Guernica[1986] zerbombt; später im Weltkrieg legte die Luftwaffe unter anderem das englische Coventry[1973] in Schutt und Asche – Klemperer erwähnt die hämische Wortbildung ›coventrieren‹ durch die NS-Propaganda.

Der Plan vor allem der britischen Royal Air Force[1941] (»Abk.: RAF.«), durch gezieltes Flächenbombardement von Wohnvierteln die Kampfmoral[1973] der deutschen Bevölkerung zu untergraben, ging jedoch nicht auf: Die meisten wollten den Durchhalteparolen[1967] glauben und hielten am Vertrauen in Hitler fest. Sie hofften auf einen genialen Schachzug des Führers oder die Entwicklung einer Wunderwaffe. Ein Sieg schien alternativlos: Die Verbrechen des Regimes waren, anders als später gerne behauptet, nur zu bekannt, ebenso war man sich der eigenen Beteiligung bewusst. Die Angst vor der Rache der Sieger trieb den Widerstandswillen an, die ersten Erfahrungen mit der vorrückenden Roten Armee[1967] schienen die schlimmsten Befürchtungen zu bestätigen und wurden von der NS-Propaganda entsprechend ausgeschlachtet. Am Ende flüchteten Millionen Deutsche unter chaotischen Bedingungen vor den sowjetischen Truppen – die verantwortlichen Nazifunktionäre hatten Fluchtvorbereitungen bis zur letzten Sekunde verboten und allenfalls für sich selbst Vorsorge getroffen. Als letztes Aufgebot schickte man im Ende 1944 gebildeten ›Volkssturm‹ Kinder und Alte an die Front. Im ›Führerbunker‹ im umkämpften Berlin beging Hitler am 30. April 1945 Suizid, einen Tag später folgte ihm Goebbels in den Tod. Mit der Kapitulation der Wehrmacht Anfang Mai 1945 ging das Dritte Reich[1934]/Tausendjährige Reich[1905] nach zwölf Jahren zugrunde. Der Pazifikkrieg gegen die mit äußerstem Fanatismus kämpfenden Japaner – unter anderem wurden Kamikaze[1980]-Piloten auf Selbstmordmissionen geschickt – endete erst nach den Abwürfen von Atombomben[L1951/1954] auf Hiroschima[L1951/1954] (»postamtlich: Hiroshima«) und Nagasaki[1929] am 2. September 1945.

Victor Klemperer überlebte das NS-Regime. Seine als arisch eingestufte Ehefrau hatte sich trotz des auf sie ausgeübten Drucks nicht von ihm scheiden lassen. Das hatte Klemperer zwar nicht vor Repressionen und Grausamkeiten geschützt, aber vor dem Weg in die Vernichtungslager. Als in den letzten Kriegswochen schließlich doch noch ein Abtransport drohte, rettete Klemperer buchstäblich in letzter Minute das Chaos, das im Februar 1945 nach dem verheerenden Bombenangriff auf Dresden in der Stadt ausbrach. Er konnte mit seiner Frau untertauchen und nach Bayern fliehen, wo die beiden das Kriegsende erlebten. So haben sich seine Augenzeugenberichte und Analysen mit ihrer besonderen sprachwissenschaftlichen Perspektive bis heute erhalten.

Dass die Beobachtungen Klemperers immer noch aktuell sind, zeigt der zunehmende Eingang von Schlagwörtern der Rechten wie Altparteien[1991], Genderideologie[2020] und Remigration[2024] in politisch-gesellschaftliche Debatten inklusive der damit einhergehenden Verrohung. ›Remigration‹ wurde 2023 zum Unwort des Jahres gewählt so wie zuvor 2016 der Nazi-Widergänger ›Volksverräter‹.

Hirtentäschel, Luftbrücke und Kollektivschuld

Die Nachkriegszeit: geteiltes Deutschland, geteilter Duden

Das traditionsreiche Bayerische Staatsorchester, das in der Vergangenheit mehrere Uraufführungen von Werken Richard Wagners[1915] begleitet hatte, spielte festlich auf. Im Hintergrund blickten Lenin, Marx und Engels aus ihren großformatigen Porträts auf den mit Uniformierten, Zivilistinnen und Zivilisten vollbesetzten Saal des Münchner Prinzregententheaters herab. Als musikalische Untermalung muss man sich wohl die Internationale[L1957/1980] (»Kampflied der marxist. Arbeiterbewegung«) vorstellen? Was CSU[1947]-Anhängerinnen und -Anhängern wie ein *Alternate History*-Schreckensszenario erscheinen mag, war tatsächlich das feierliche erste Treffen der Kommunistischen Partei 1945 in der bayerischen Hauptstadt. Daran nahmen auch Offiziere der amerikanischen Besatzungstruppen teil – ein Detail, das die Veranstaltung im Rückblick nicht weniger bizarr erscheinen lässt. Aber der kalte Krieg[L1951/1967] hatte noch nicht begonnen, und die Kommunisten genossen nach den grausamen Verfolgungen durch die Nationalsozialisten selbst in Bayern einen gewissen Märtyrerstatus, wie der Zeitzeuge und Journalist Georg Wulffius Ende der 1980er-Jahre zu berichten weiß. So hatten die Kommunisten als erste von der US-Militärregierung eine Lizenz zur Parteigründung erhalten, die am 1. November 1945 erfolgte; die CSU kam erst an fünfter Stelle etliche Wochen später. Die Webseite des ›Hauses der Bayerischen Geschichte‹ informiert unvoreingenommen: »CSU und SPD erhielten bereits am 8.1.1946 die Lizenz für ganz Bayern« – wobei ›bereits‹ im historischen Kontext etwas missverständlich klingt.

Der Ort für die Zusammenkunft, das Prinzregententheater,

hatte die alliierten Luftangriffe[1961] auf München relativ gut überstanden und bot nun Raum für allerlei Veranstaltungen. Der offizielle Spielbetrieb begann am 15. November 1945 – aber nicht mit Wagner, wie es zur Tradition des Orchesters und des Hauses gut gepasst hätte. Unbeschadet war auch die Wohnung von Wagners größtem Fan geblieben: Adolf Hitler hatte gleich nebenan am Prinzregentenplatz 16 gelebt: Hier hatten sich am 30. April die US-amerikanische Kriegsjournalistin Lee Miller und ihr Kollege David E. Sherman gegenseitig beim Baden fotografiert, vor der Wanne des Führers ihre Stiefel, noch dreckig vom Staub des gerade befreiten KZ Dachau, wo Aufnahmen ganz anderer Art entstanden waren. Unterdessen entzog sich Hitler im umkämpften Berlin seiner Verantwortung durch Suizid, doch diese Nachricht erreichte Miller und Sherman erst später am Tag.

Statt Wagner wählte man im Prinzregententheater für die erste Inszenierung nach dem Krieg versöhnlich den »Fidelio«: Die einzige Oper von Beethoven[1893] sollte wenig originell in den nächsten Jahren noch bei einer ganzen Reihe von Theatereinweihungen zum Einsatz kommen, darunter in Berlin, Bremen, im später in Karl-Marx-Stadt umbenannten Chemnitz, in Dessau, Dortmund, Dresden, Düsseldorf, Halle, Kaiserslautern, Kiel, Leipzig, Marl, Wien und Wuppertal. Mit seinen Kerkerszenen und dem schlussendlichen Sieg über die Tyrannei schien das Stück gut in die Zeit zu passen. Die allzu offensichtlich bemühte Symbolik rief allerdings Spötter auf den Plan. So will der Theaterkritiker Heinz Pringsheim, Schwager Thomas Manns und in der NS-Zeit mit Berufsverbot belegt, am Eröffnungsabend in München die Bemerkung »KZ-Oper« gehört haben.

Überall im besetzten Deutschland bemühten sich die Alliierten, nicht nur den Hunger zu stillen und Trümmer beseitigen zu lassen, sondern auch für kulturelle Angebote zu sorgen. Diese sollten nicht zuletzt einer politischen Umerziehung[1961] dienen.

Die Menschen selbst versuchten sich von ihren Alltagsnöten und Traumata abzulenken, obwohl bei Kino-, Konzert- und Theaterbesuchen nicht selten Holz oder Kohle zum Heizen mitzubringen waren. Stücke von Bertolt Brecht[L1967/1967] oder Musik von Paul Hindemith[1961/L1970], die von den Nazis verboten worden waren, durften endlich wieder aufgeführt werden. »Die Mörder sind unter uns«, der erste deutsche Spielfilm der Nachkriegszeit, begründete das Genre des ›Trümmerfilms‹ und machte die Schauspielerin Hildegard Knef bekannt.

Über eine politische Neuordnung Deutschlands und Mitteleuropas hatten sich die Alliierten, insbesondere Großbritannien, die Sowjetunion und die Vereinigten Staaten, noch während des Kriegs bei verschiedenen Treffen verständigt. Die letzte dieser Zusammenkünfte fand im Juli/August 1945 in Potsdam im besiegten Deutschland statt – der Krieg mit Japan endete erst im September des Jahres. Deutschland wurde in vier Besatzungszonen[1961] unterteilt, die Hauptstadt Berlin in vier Sektoren[1880] – ebenso verfuhr man mit Wien und Österreich, das wieder von Deutschland getrennt wurde. Die oberste Regierungsgewalt für Gesamtdeutschland[L1951] hatte der Kontrollrat[1961] der Alliierten[L1951/1954] inne. Zu den folgenreichsten Punkten der Potsdamer Beschlüsse[1947]/des Potsdamer Abkommens[L1951/1954] gehörte die zunächst vorläufige Festlegung der Oder-Neiße-Friedensgrenze[L1951–L1985]/Oder-Neiße-Linie[1954–1986] als deutsche Ostgrenze zu dem nach Westen verschobenen Polen – den Osten Polens verleibte sich die Sowjetunion ein. Die ›Umsiedlung‹ der Deutschen vor allem aus Pommern[1880], Ostpreußen[1929], Schlesien[1902] und anderen Ostgebieten[2009] sowie der Sudetendeutschen[1929–1941] aus der wiedererrichteten Tschechoslowakei[1929] sollte »in ordnungsgemäßer und humaner Weise« erfolgen – eine nachträgliche Sanktion der gewaltsamen Flucht und Vertreibung von etwa zwölf Millionen Menschen, bei der Hunderttausende ums Leben kamen.

Schlesien[1902] im Duden

1902, 1905	Schlesien – Land
1915	Schlesien – Prov.
1929	Schlesien – ehem. preuß. Prov. um die obere Oder; tschechoslowak. (früher österr.) Landesteil
1934	Schlesien – ehemalige preuß. Prov., jetzt getrennt in Provinz Ober- u. Prov. Niederschlesien; Gau der NSDAP.; Österr-Schlesien, seit 1918 tschechoslowakisch
1941, 1947	Schlesien
L1951	–
1954–2024	Schlesien
L1957	Schlesien – dt. Name für Śląsk, den südwestl. Teil der Volksrepublik Polen
L1967	Schlesien – s. Śląsk
L1976, L1985	–

Zu den Geflohenen und Vertriebenen, die in Lagern oder Privathaushalten untergebracht wurden, kamen sieben Millionen Displaced persons[1967], darunter Flüchtlinge[1880], ehemalige Kriegsgefangene[1915] und KZ-Häftlinge[2009] sowie Zwangsarbeiterinnen[1991] und Zwangsarbeiter[1991], die auf eine mögliche Rückkehr in eine alte oder neue Heimat warteten. Suchdienste[1961] sollten beim Aufspüren von Angehörigen helfen. Die deutschen Innenstädte lagen größtenteils in Trümmern. Millionen Soldaten waren noch in Kriegsgefangenschaft – die letzten kehrten erst 1955 aus der Sowjetunion zurück. Ab 1946 trafen die ersten Carepakete[1986] mit Lebensmitteln aus Übersee ein, um die hungernde Bevölkerung zu unterstützen. Meine als Kind auf einem Bauernhof eigentlich bestens versorgte Mutter revanchierte sich später, indem sie ihrem studierenden Sohn ebenfalls sogenannte Carepakete ins längst wiederaufgebaute Berlin schickte.

Um die Herausforderungen des Alltags zu bewältigen, waren die Siegermächte auf eine Zusammenarbeit mit den geschlagenen Kriegsgegnerinnen und -gegnern angewiesen. Gleichzeitig sollte von unten eine neue, demokratische Verwaltungsstruktur aufgebaut und jeweils von Wahlen begleitet werden – beginnend mit den Gemeinden über die Stadt- und Landkreise bis hin zur Wiedererrichtung oder Neugründung von Ländern wie zuletzt 1947 in Bremen. Der angestrebte Föderalismus[1887] sollte einem Rückfall in die Diktatur entgegenstehen. Preußen, das im Kaiserreich, aber ebenso in der Weimarer Republik aufgrund seiner Größe eine besonders starke Stellung hatte, wurde von den Alliierten explizit aufgelöst, schließlich galt es ihnen als »Träger des Militarismus und der Reaktion in Deutschland«. Das historische Preußen/Ostpreußen wurde ohnehin unter Polen und der UdSSR aufgeteilt. Auf allen Ebenen überwachten die Alliierten Verwaltung und Wahlen und – wie im Fall von KPD und CSU in Bayern mit mehr oder weniger Vertrauensvorschuss – die Zulassung von Parteien.

Eines der Hauptziele der Alliierten war die Bestrafung der überlebenden NS-Funktionärinnen und -Funktionäre sowie eine grundlegende Entnazifizierung[1947] der deutschen Gesellschaft. Noch im November 1945 begannen vor einem Internationalen Militärgerichtshof in Nürnberg die ersten Kriegsverbrecherprozeße[L1951], zunächst gegen eine Reihe Haupt-Kriegsverbrecher[L1957/1961], darunter Reichsmarschall Hermann Göring[1934–1941] und Reichsaußenminister Joachim von Ribbentrop, später folgten Verfahren etwa gegen Wehrmachtsoffiziere, Unternehmer sowie KZ-Ärztinnen und -Ärzte. Die Mehrheit der Deutschen sollte sich vor Spruchkammern[1954] verantworten, die mit Laien besetzt waren und zwar keine Strafen, aber Sühnemaßnahmen[L1951/1954] wie die Unterbringung in Arbeitslagern und Wiedergutmachungen[1929] etwa durch Vermögenseinzug anordnen konnten. Grundlage für die Verhandlungen bildete dabei ein Fragebogen[1941] mit 131 Fragen zur Verquickung mit dem Naziregime[L1951/1973], der unter anderem von Experten der Chicagoer Kriminalitätsbekämpfung entwickelt worden war und den im Prinzip alle volljährigen Deutschen zu beantworten hatten. Für die Verfahren, in denen die Unschuld zu beweisen war, versuchte man zum ›Reinwaschen‹ entlastende Leumundszeugnisse herbeizuschaffen, die zum Spott nach der Waschmittelmarke Persil[1934–L1957/–1980] benannten Persilscheine[1986] von oft zweifelhafter Glaubwürdigkeit. Am Ende stand die Einstufung in eine von fünf Kategorien: Hauptschuldige, Belastete, Minderbelastete, Mitläufer[1941] und Entlastete. Um die riesige Menge an Verfahren zu bewältigen, begann man in der Regel mit einfacheren Fällen, wodurch eindeutig Schuldige, nachdem das Interesse an der Entnazifizierung rasch abebbte, oft leichter davonkamen. Hierzu gehörte etwa der größte Medienmogul der Weimarer Republik, Alfred Hugenberg. Er hatte im Stil eines Rupert Murdoch den Aufstieg Hitlers publizistisch vorangetrieben und schließlich das Amt des Reichswirtschaftsminister übernommen. Dafür wurde Hugenberg relativ spät, im Juli 1949, von einer Spruchkammer als minderbelastet entnazifiziert[1947]. Diese und andere bekannte Fälle ließen die Spruchkammerverfahren bald als Farce erscheinen. Und so singt der Kabarettist Just Scheu schon 1947 unter dem Gelächter des Publikums:

> Ich bin fragebogenkrank, ich bin fragebogenkrank!
> Kennen Sie das fürchterliche Leid?
> In meinem Fragebogen stimmt zwar ziemlich alles, Gott sei Dank,
> Und das will ja heutzutag' schon was bedeuten.
> Aber trotzdem werde ich den einen Tick nicht los!
> Was mach ich bloß, was mach ich bloß?
> Ich seh' nur Zahlen, 1 bis 131.

Hab' ich auch alles richtig ausgefüllt? Was weiß ich?
Ich träume jede Nacht, ich wär' in etwas drin gewesen.
Dann schreck' ich zitternd und mit Schweiß bedeckt empor.
Ich träume jede Nacht, ich wär' doch in was reingetreten.
Dass gerade ich kein Nazi sein soll, kommt mir komisch vor.
Vielleicht hat man mich mal heimlich in was reingeschoben?
Es wär' ja denkbar bei dem Schwindel und dem Druck von oben.
Ich hab' den Arzt gefragt. Er sagt, dass er nicht helfen kann.
Ich hätt' den NSDAP-Verfolgungswahn.

Auch der »Duden« musste gründlich entnazifiziert werden, um eine Lizenz für einen Neudruck zu erhalten: Die 11. und 12. Neuauflagen von 1934 und 1941 waren voller NS-Vokabular, Ableitungen etwa zu ›Blut‹, ›Rasse‹, ›Reich‹ und ›Volk‹ füllten ganze Spalten. Außerdem genoss das Bibliographische Institut bei den Alliierten keinen guten Ruf: Die 8. Auflage von »Meyers Lexikon« ab 1936, der sogenannte Nazi-Meyer, stand ganz im Zeichen der NS-Ideologie. Dabei war es nur Zufall gewesen, dass das Bibliographische Institut und nicht sein Hauptkonkurrent Brockhaus, mit dem es ein stilles Abkommen zur abwechselnden Publikation ihrer mehrbändigen Lexika gab, turnusmäßig eine Neuauflage, nun aber unter strenger Kontrolle der Parteistellen hatte herausbringen müssen. Tatsächlich hatte man die Vorarbeiten lange hinausgezögert und die Veröffentlichung 1942 vorzeitig abgebrochen, da sich die tendenziösen Bände als schlecht bis unverkäuflich erwiesen hatten.

Allerdings hatte ein Stehsatz mit fertig gesetzten Seiten der 12. Dudenauflage die Zerstörung der Verlagsgebäude in Leipzig überstanden: Vorsorglich waren während des Kriegs die Redaktionen und einzelne Produktionsbereiche des Bibliographischen Instituts in die Umgebung bis ins benachbarte und besetzte Böhmen ausgelagert worden. Um in der wirtschaftlich schwierigen

Situation der Nachkriegszeit Kosten und Ressourcen zu sparen, stellte dieser Stehsatz die Grundlage für die 13. Dudenauflage von 1947 dar. Bearbeitungen hatten sich möglichst einzufügen, ohne die ganze Seite zu verändern. Für die Seite 236 hieß das zum Beispiel, dass die gesetzten Zeilen und Spalten zwischen dem ersten Lemma »Hintritt« und dem letzten Lemma »Huangho« möglichst gleichbleiben sollten. Die völlig neuen Lemmata Hinzug[1947], Hirtenschaft[1947] (»Hirtenstand«), Hirtentäschel[1947] (»Pflanze«), Hirtentum[1947] und Hjalmar[1947] (»nord. männl. Vn.«) sowie längere und besonders lebenspraktische Erläuterungen für Hintritt[1915] (»eigentlich: das Hintreten [vor Gottes Richterstuhl]«) und hirschgerecht[1915] (»der Hirschjagd kunstgerecht, kundig«) traten an die Stelle von Hitler[1934] (»Führer und Reichskanzler«) und Adolf-Hitler-Dank[1941], von Hitlergruß[1934], Hitler-Jugend[1934] (»Abk.: HJ.«), Hitler-Jugend-Lager[1941], Hitlerjunge[1934], -mädchen[1934] und -mädel[1934] sowie HJ.[1934] (»Hitler-Jugend«), HJ.-Aufmarsch[1941] und HJ.-mäßig[1941]. Während es Hitler und seine Ableitungen nie wieder in den Duden zurückschafften, konnte das heilsame Hirtentäschel seine Stellung bis heute verteidigen.

Für diese eher provisorische, den Zeitumständen geschuldete Neuauflage, herausgegeben von Horst Klien, der vor dem Krieg unter anderem den »English Duden«, eine Übersetzung des Bildwörterbuchs, betreut hatte, erhielt das Bibliographische Institut schließlich die nötige Lizenz der Sowjetischen Militärverwaltung in Deutschland.

Die Aufsichtsratsmitglieder des Verlags hielten sich zu dieser Zeit schon in den westlichen Besatzungszonen auf, und so hatte das Amtsgericht Leipzig einen neuen Aufsichtsrat eingesetzt. Nach einem Volksentscheid in Sachsen 1946 über das »Gesetz über die Übergabe von Betrieben von Kriegs- und Naziverbrechern in das Eigentum des Volkes« waren alle Aktiengesellschaften entschädigungslos enteignet worden. Die bisherige Firma *Bibliographi-*

sches Institut AG wurde aus dem Handelsregister gelöscht und als landeseigener, später Volkseigener Betrieb[L1951] *VEB Bibliographisches Institut* neu gegründet. Nach westdeutschem Recht bestand die Aktiengesellschaft jedoch weiter, und eine außerordentliche Hauptversammlung beschloss im November 1953 eine Sitzverlegung der AG nach Mannheim. Dies wurde vom Rat der Stadt Leipzig zwar angefochten, aber durch mehrere Instanzen vor Gerichten in der Bundesrepublik bestätigt. Ein erster westdeutscher »Duden«, die 15. Neuauflage, erschien 1954 noch als Lizenzausgabe in Wiesbaden, danach wurde die Dudenredaktion wieder vom Bibliographischen Institut selbst in Mannheim übernommen. In Zukunft gab es zwei »Duden«, einen im Osten und einen im Westen, die jeweils die Zählung der Auflagen fortführten.

Nicht nur beim Duden entzweite man sich über die wirtschaftliche Zukunft und schlug am Ende getrennte Wege ein, auch die Besatzungszonen in Westdeutschland[1941] und Ostdeutschland[1893] entwickelten sich in unterschiedliche Richtungen. Die USA, die unter den drei West-Alliierten[L1951/1954] die führende Position einnahmen, und die Sowjetunion lenkten den Aufbau von politischen und wirtschaftlichen Strukturen jeweils in ihrem Sinn. Ob die Vorgänge im Osten tatsächlich von Stalin[1941] vorgegeben wurden und seine Angebote, ein vereintes, aber neutrales und entmilitarisiertes Deutschland zu akzeptieren, nur Täuschungsmanöver waren, oder hier vor allem die aus dem Moskauer Exil heimgekehrten deutschen Kommunisten der ›Gruppe Ulbricht[L1957]‹ am Werk waren, ist in der Forschung bis heute umstritten.

Im März 1947 verkündete der US-Präsident Truman[1961] die sogenannte Truman-Doktrin, nach der die Vereinigten Staaten künftig die von der Sowjetunion vorangetriebene Ausdehnung des Kommunismus[1880] in der Welt entschieden bekämpfen würden, notfalls mit militärischer Unterstützung etwa im griechischen Bürgerkrieg. Damit war die Kriegskoalition gegen Nazi-Deutschland und seine Verbündeten endgültig zerbrochen, und der Kalte Krieg zwischen zwei sich feindlich gegenüberstehenden Machtblöcken trat immer offener zutage. Auch im besetzten Deutschland wurde eine interzonale[1947] Zusammenarbeit zwischen den Siegermächten praktisch unmöglich, zu unterschiedlich waren die Vorstellungen von einer ›demokratischen‹ Zukunft für die Deutschen.

Die Wirtschaftshilfen der USA im Zuge des Marshallplans[L1951/1954] ab 1948 lehnte die Sowjetunion als Möglichkeit zur Einflussnahme für die unter ihrer Herrschaft stehenden Gebiete Europas ab. Auf die zwingend notwendige Währungsreform[1954] im Westen – die Reichsmark war völlig entwertet, und eher kamen noch Zigaretten im Tauschhandel zum Einsatz – sowie die Einführung der Deutschen Mark[L1951/1954] (»Abk.: DM«) auch in den Westsektoren Berlins reagierten die Sowjets mit einer totalen Blockade West-Berlins[L1951/1954]. Vom 24. Juni 1948 bis zum 30. September 1949, über ein Jahr lang, versorgten die Westalliierten die eingeschlossenen Bewohnerinnen und Bewohner über eine Luftbrücke[1954]. Die Sowjets gaben die Blockade schließlich im Mai 1949 auf, die Versorgung aus der Luft wurde aber noch bis in den Herbst fortgeführt.

Parallel wurde in der Ostzone[1991], wie im Fall des Bibliographischen Instituts, die Kollektivierung der Wirtschaft vorangetrieben. Im Zuge einer Bodenreform[1934] waren bereits ab September 1945 landwirtschaftliche Betriebe über 100 Hektar enteignet worden. Unter dem Motto »Junkerland in Bauernhand« sollten vor allem die alten Eliten des Kaiserreichs, die zuletzt mehrheitlich den Nationalsozialismus gefördert und unterstützt hatten, ihre Machtgrundlage verlieren. Wohin die Reise ging, verraten die Neuaufnahmen im VEB-Duden von 1947: Kolchos[1947] (»landwirtschaftliche Kollektivwirtschaft in der Sowjetunion«) und Sowchos[1947] (»Staatsgut in der Sowjetunion«).

Schließlich beauftragten Amerikaner, Briten und Franzosen, die ihre Besatzungsgebiete zur Bi- und dann zur Trizone zusammengelegt hatten, die Ministerpräsidenten der Länder, eine Verfassung auszuarbeiten. Dazu wurde im September 1948 in Bonn ein Parlamentarischer Rat mit 65 von den Länderparlamenten gewählten Mitgliedern einberufen. Mit Einverständnis der Westalliierten und der Länderparlamente – mit Ausnahme des überstimmten Bayerns – trat das Grundgesetz[1941] am 23. Mai 1949 in Kraft und konstituierte damit die Bundesrepublik Deutschland[1967/L1967], die BRD[1967/L1976]. In Artikel 3 hatten zwei der vier ›Mütter des Grundgesetzes‹, Frieda Nadig und Elisabeth Selbert von der SPD, gegen Widerstand selbst aus eigenen Reihen die ausdrückliche Erwähnung der Gleichberechtigung von Mann und Frau erreicht.

Als Reaktion wurde in Abstimmung mit Moskau auch im Osten ein eigener Staat auf den Weg gebracht. Verschiedene Gremien, in denen die Vertreterinnen und Vertreter der 1946 aus der (Zwangs-)Vereinigung von KPD und SPD hervorgegangenen Sozialistischen Einheitspartei Deutschlands[1947] (»Abk.: SED«) dominierten, erarbeiteten eine Verfassung, die am 7. Oktober 1949 die Deutsche Demokratische Republik[L1951/1973], die DDR[L1951/1973], begründete. Im Westduden taucht der Staatsname erst 1973 auf, nachdem sich im Vorjahr beide Länder im Zuge der sogenannten Ostpolitik[1973] des SPD-Bundeskanzlers[1954] Willy Brandt[2017] auf Basis des sogenannten Grundlagenvertrags faktisch anerkannt hatten. Markierungen verweisen davor auf die »Sowjetzone« (in den Auflagen von 1954 und 1961) und ab 1967 auf »Ostdeutschland«.

Die Verfolgung der NS-Verbrecher war für keinen der beiden deutschen Staaten eine Priorität – die DDR verstand sich ohnehin als prinzipiell antifaschistisch[1947]. Besonders im Westen konnten die alten Funktionseliten ihre Karrieren in Justiz, Verwaltung, Wirtschaft und Wissenschaft fortsetzen. Strafen und

Beschränkungen wurden bis auf wenige Ausnahmen zurückgenommen. Der erste Bundeskanzler der Bundesrepublik, Konrad Adenauer[1961], der von den Nazis seiner damaligen Ämter enthoben und zeitweise inhaftiert worden war, machte Hans Globke, einen Juristen, der an den Nürnberger Rassegesetzen[1941] mitgearbeitet hatte, zu seiner rechten Hand. Und Reinhard Gehlen, ein hoher, stramm antibolschewistischer[1941] Wehrmachtsangehöriger[1941], übernahm schon 1946 mit der ›Organisation Gehlen‹ nachrichtendienstliche Aufgaben für die Amerikaner und entwickelte daraus 1956 den Bundesnachrichtendienst[1991] (»Abk. BND«), dem er als erster Präsident vorstand. Im Verein mit Globke ließ Gehlen unter anderem die SPD ausspähen. Generell ignorierten die Alliierten NS-Karrieren wie bei Gehlen, wenn sich dafür nützliche Informationen und Expertise boten. Die Wissenschaftler, die an Hitlers Wunderwaffen mitgearbeitet hatten, wurden in das US-Raumfahrtprogramm der NASA[1973] einbezogen. Selbst der »Schlächter von Lyon«, der Gestapo-Mitarbeiter Klaus Barbie, konnte nach dem Krieg als CIA[1967]-Agent untertauchen, wie viele Nazis über die ›Rattenlinie‹ nach Südamerika verschwinden und sich so bis 1983 der Strafverfolgung durch die französischen Behörden entziehen.

Aus der energisch zurückgewiesenen Kollektivschuld[1961] des ›Tätervolks‹ konstruierte sich die Nachkriegsgesellschaft eine Kollektiv-Unschuld. Ironisch bemerkte die Philosophin Hannah Arendt[2009], die sich vor den Nazis ins US-amerikanische Exil gerettet hatte und später zu einer der bedeutendsten Theoretikerinnen des Totalitarismus[1961] wurde, sie habe bei ihrem Besuch in Deutschland keinen einzigen Nazi angetroffen. Österreich, die Heimat des Führers, sah sich sogar als erstes ›Opfer‹ der Nazis – ein Narrativ, das erst in den 80er-Jahren im Zuge der Waldheim-Affäre um die aufgedeckte NS-Vergangenheit des österreichischen Bundespräsidenten Kurt Waldheim zu bröckeln begann. Der deutsche Bundeskanzler Kurt Georg Kiesinger[2017] hatte sich immerhin schon 1968 eine öffentliche Ohrfeige[1915] von Beate Klarsfeld, einer Journalistin und Forscherin zu NS-Verbrechen, eingefangen. Im Allgemeinen aber wollten die Deutschen mit einem ›Schlussstrich‹ die Vergangenheit hinter sich lassen und nach der vermeintlichen ›Stunde Null‹ 1945 von Neuem beginnen.

Erst ab den 1960er-Jahren wurde die westdeutsche Öffentlichkeit sensibler für die Geschichte der NS-Zeit. Eine neue Generation forderte Aufarbeitung[1967] und selbstkritische Vergangenheitsbewältigung[1986]. In der Folge der Frankfurter Auschwitz[1967/L1970]-Prozesse ab 1963 wurde die Verjährung für Mord aufgehoben; weitere Schritte folgten. Eine 1979 ausgestrahlte, gleichnamige US-Serie prägte auch im Deutschen die Bezeichnung Holocaust[1986] für den Genozid[1973]/Völkermord[1986] an den Jüdinnen und Juden Europas. Andere Opfergruppen – Homosexuelle[1986] etwa wurden nach der Befreiung aus den KZ oftmals sofort wieder weggesperrt – warteten allerdings noch Jahrzehnte auf die Anerkennung ihrer Leiden, auf Rehabilitation und eine nur in den seltensten Fällen erfolgte und zumeist nur symbolisch zu nennende Entschädigung.

Wirtschaftswunder, Schaschlik und Made in Germany

Kalter Krieg der Fernsehköche: Die Bundesrepublik in den 50er- und 60er-Jahren

Der Freßkober

Der *Große Duden* antwortet auf die Frage, was ein Kober sei, dies wäre ein Korb für Eßwaren. Offenbar also ein geflochtenes Behältnis zum Transport von Nahrungsmitteln. Wir kennen diese Kober von der Weihnachtszeit her, wo sie die Schaufenster der Feinkostgeschäfte prangend füllen.

Heute meinen wir etwas anderes. Chemie und Technik liefern uns den modernen Freßkober für den Wagen, den entzückenden Picknickkoffer, den es in allen Variationen von Formen und Farben gibt. [...] [W]ir haben den schnellen Wagen und den modernen Freßkober – nur mangelt es uns an Zeit. Doch müssen wir, wollen wir nicht verkommen in unserem technischen Inferno, in kurzen Abständen kurze Urlaube nehmen.

[...] Wir packen unsere Gäste in den Wagen unter irgendeinem fadenscheinigen Vorwand und verfrachten sie an eine verschwiegene Stelle im Frühlingswald. [...] Nun breiten wir die Decke aus und holen den Freßkober hervor.

Was enthält er?

[...] Zusammengefaßt könnte man sagen. Wir geben in den Freßkober ein kleines kaltes Menü, das ungefähr so aussieht: eine Flasche Madeira, das Gänseleberparfait, die Ochsenbrust mit dem Meerrettich, Weißbrot, Butter, einen sehr feinen Streichkäse, die Krabbenmayonnaise, die weichgekochten Eier und Tomaten und einen vorher bereiteten Obstsalat.

Als erfrischendes Getränk werden Sie natürlich Bier mitnehmen.

Für diesen besonderen Fall empfehle ich mit Überzeugung

> »Bier in Dosen«. Erstens gibt es keinen Bruch auf dem Transport, und Sie brauchen keine leeren Flaschen mit zurückzunehmen.
> Sie möchten wissen, woher das Wort Picknick kommt? Von picken und nicken.

So rät Deutschlands erster Promi[2000]-Fernsehkoch[2009] Clemens Wilmenrod 1954 in seinem Kochbuch – ›Kochbuch‹ greift eigentlich zu kurz – »Es liegt mir auf der Zunge«. Kober[1880] und Picknick[1880] selbst sind schon in der 1. Auflage des Duden 1880 zu finden. Die erwähnte Erläuterung, »Korb (für Eßwaren)«, folgt erst 1915 ebenso wie »gemeinschaftlicher Schmaus« beim Picknick; in Wilmenrods Zeit 1947/54 heißt es dann ausführlicher: »Mahl im Freien, zu dem jeder Teilnehmer beiträgt«. Der besonders soziale Aspekt, wird in den DDR-Auflagen ab 1957 weggelassen; dort heißt es dann nur noch: »Mahl im Freien«.

Wilmenrod, ein Künstlername, schaute mit Ende 40 auf eine mäßig erfolgreiche Schauspielerkarriere zurück, als er 1953 mehr durch Zufall und völlig kenntnislos in seine Paraderolle als Küchenchef beim späteren WDR[1967] (»Westdeutscher Rundfunk«) hineinstolperte. Dafür konnte der Bonvivant charmant schwadronieren, hantierte skrupellos mit Ketchup[1961], Dosengemüse[1991] und Fertigsaucen[2004] und entführte das völlig begeisterte deutsche Fernsehpublikum mit erfundenen Reisen in ferne Länder, wo er die Bekanntschaft mit mehr oder weniger ausgefallenen, aber immer ausgefallen titulierten Rezepten gemacht haben wollte. Einen üppigen Salat etwa benannte er nach der berüchtigten Messalina[1880], zu der der zeitgenössische Dudenband 1954 berichtet: »Messalina – Gemahlin des Kaisers Claudius; Messaline – Dirne«.

Salat Messalina
Die Zutaten: Grüner Salat, Orangen, Ananas, Äpfel, Bananen, gehobelte Mandeln oder Haselnüssen, Mayonnaise, ungeschlagene süße Sahne, Frühlingskräuter, Tomatenketchup, Tomaten und ein hartes Ei.

Seine bis 1964 ausgestrahlte Kochshow[2009] »Bitte, in zehn Minuten zu Tisch« war ein Straßenfeger[1980] (»nordd.; auch für: attraktive Fernsehsendung«) für die schnell wachsende bundesdeutsche Fernsehgemeinde, und der erste Buchvertrag folgte sofort. Tatsächlich nahm Wilmenrod seinen Zuschauerinnen und Zuschauern die Scheu vor exotischen Kombinationen insbesondere mit Südfrüchten wie der Ananas[1880]. Der von ihm erfundene ›Toast Hawaii‹ wurde zum Klassiker – und Vorläufer der nicht nur kulinarisch[1880], sondern ebenso postkolonial[2004] umstrittenen ›Pizza Hawaii‹.

Toast Hawaii
Zutaten: Vier Scheiben Toastbrot, zwölf Scheiben roher (»Frühstücks«-) Schinken, vier Ananas-Scheiben (aus der Dose), vier Scheiben Käse-Scheibletten, ein Teelöffel Paprikapulver, vier Cocktail-Kirschen, etwas Butter, etwas Fett.

Hier und da kokettiert Wilmenrod mit den Folgen des übermäßigen Genusses und warnt: »Wir müssen uns zügeln in unserer Kost, wenn wir den hochgespannten Anforderungen unserer Tage genügen wollen.« Nur um dann gleich im Anschluss vorzuschlagen, ein Mus aus Karotten und einem Apfel mit »ein wenig Sahne zu binden«. Aus heutiger Sicht scheinen seine Kreationen regelrecht überzuquellen vor Fleisch, Butter und Sahne – und dem unerlässlichen Ketchup.

Brot à la Mazzarini
Hören Sie bitte! Sie brauchen Räucherspeck, Zwiebeln, Schnittlauch, etwas Bratwurstfüllsel, Dosensahne, Tomatenketchup, Zitronensaft, einen kleinen Kognak und geriebenen Parmesankäse.

Die Rezepte passen in das Bild der 1950er-Jahre, als Nahrungsmittel endlich wieder vorhanden und dank steigender Löhne für alle bezahlbar waren. Die Rationierung der letzten Produkte war 1950 geendet, und längst ging eine ›Fresswelle‹ durchs Land. Bereits 1952 beklagten Zeitungen das Übergewicht[1915] des Durchschnittsdeutschen: anderthalb Kilo bei Männern, etwas weniger bei Frauen. Noch aber galt eine beleibte Figur als Zeichen des Wohlstands und wurde, wie beim CDU[1947]-Wirtschaftsminister[1967] Ludwig Erhard[2004], womöglich noch durch eine qualmende Zigarre unterstrichen.

In früheren Dudenauflagen fehlt es zwar nicht an Köstlichkeiten[1915] und Leckerbissen[1915], aber es finden sich auch der sogenannte Hungerturm[1915], eine Vitrine, die in Gaststätten erhältliche, aber für den mittellos darbenden Betrachter unerreichbare Speisen ausstellte, die Unterernährung[1915] oder das zur Stärkung der Volksgemeinschaft[1934] von den Nazis propagierte Eintopfgericht[1934] zum monatlichen angeordneten Eintopfessen[1941]. Die Einsparungen an den Eintopfsonntagen[1941], die durch den Verzicht auf einen sonst üblichen Sonntagsbraten[1991] anfielen und von Blockwarten[1934] eingetrieben wurden, sollten an das Winterhilfswerk[1934] gehen und notleidende Volksgenossen[1934] unterstützen, wodurch Geld statt für Sozialausgaben in die Aufrüstung fließen konnte.

Doch die Hungerjahre[1915–1934], die man aus beiden Weltkriegen kannte und von denen man bereits seit 1941 im Duden nichts mehr wissen wollte, waren nun vorbei, und bald wandelten sich die Deutschen von Gourmands[1880] zu Gourmets[1929], beeinflusst unter anderem durch Wilmenrods fantasievolle Ideen – quasi eine »kulinarische Entnazifizierung[1947]«. So folgte, nachdem man sich gründlich satt[1880] gegessen hatte, auf die ›Fresswelle‹ ab Mitte der 50er-Jahre die ›Feinkostwelle‹: Während etwa die Nachfrage nach Kartoffeln[1880] und Roggenbrot[1915] zu sinken begann, stieg allein zwischen 1953 und 1957 der Verbrauch von Schlagsahne[1929] um 40 Prozent, von Genussmitteln[1961] um 77 Prozent und von Backwaren[1967] um 90 Prozent, wie die »Deutsche Illustrierte« titelte: »Wir sind Leckermäuler geworden!« Leckermäuler[1915] gibt es immerhin schon in Weltkriegszeiten, vielleicht in Erinnerung an bessere Tage; der Lecker[1880] (»Feinschmecker«) ist bereits im ersten Duden dabei.

Von Vielfraßen[1880] und Feinschmeckern[1941]

	Gourmand	Gourmet
1880	[ohne weitere Erklärung]	–
1887–1902	Feinschmecker, Schlecker	–
1905	(im Frz. heißt gourmand, wer gern viel und gut ißt, dagegen ist gourmet der Feinschmecker) Feinschmecker, Schlecker	–
1915	Fresser; oft fälschlich für Gourmet	–
1929	Fresser; auch für: Gourmet	Feinschmecker, Schlecker
1934	Feinschmecker; auch für Gourmet	Feinschmecker, Schlecker
1941, 1947	Vielesser; im Deutschen: Feinschmecker	Feinschmecker
West 1954	Vielesser; im Deutschen: Feinschmecker	Feinschmecker
Ost 1951	–	–

1961	Vielesser; im Deutschen: Feinschmecker	1957	Feinschmecker (frz. »Vielesser«)	Feinschmecker	1957	Feinschmecker
1967	Schlemmer, Feinschmecker	1967, 1976	veraltet für Feinschmecker, Schlemmer (frz. »Vielesser«)	Feinschmecker	1967, 1976	veraltet für Feinschmecker
1973	Vielfraß; Schlemmer; Feinschmecker			Feinschmecker		
1980, 1986	Vielfraß, Schlemmer			Feinschmecker		
		1985	jmd., der gern gut u. viel ißt (frz. »Vielesser«)		1985	Feinschmecker
1991	Vielfraß, Schlemmer			Feinschmecker		
2000	franz. »Vielfraß«, Schlemmer[in]			Feinschmecker[in]		

Etwas weniger kalorienhaltig traf man sich nach – natürlich – US-amerikanischem Vorbild in Milchbars[1961], wo man neben Shakes[1967] (»ein Milchgetränk«) auch Coca-Cola[1954] und andere Soft Drinks[1980] genießen konnte. Abends folgten dann die Cocktailpartys[1961] mit kleinen Speisen. Übertrieb man es dabei, drohte am nächsten Morgen ein Kater[1967] (»ugs. für: Folge übermäßigen Alkoholgenusses«), dem man am besten mit einem Katerfrühstück[1973] begegnete.

Langusten-Cocktail

Zutaten: Tomaten-Ketchup, ungeschlagene süße Sahne, Langustenschwänze, kleine Champignons, Paprika, Zitrone, Cognac.

Kater-Frühstück

Zutaten: Zwei Matjes-Filets, 2 Eßlöffel Öl, Essig, 1 Eßlöffel Kapern, 1 hartgekochtes Ei.

Auf ›Fress-‹ und ›Feinkostwelle‹ folgte mit steigendem Wohlstand die ›Einrichtungswelle‹, die unter anderem die Nierentische[1973] in die deutschen Wohnzimmer[1915] brachte. Bis Mitte der 60er-Jahre verfügten fast alle westdeutschen Haushalte über einen Kühlschrank[1961] und eine Waschmaschine[1961], die – so war es nun einmal – besonders Frauen in bisher nicht bekanntem Ausmaß entlastete. An die Stelle der Tante-Emma-Läden[1980] traten Supermärkte[1967] (vorher als Supermarket[1961]), Einkaufszentren[1967] und die Bestellung bei Versandhäusern[1967]. Die beim Fernsehkoch Wilmenrod so beliebten Konserven[1880] und Fertigprodukte[2004] sowie Tiefkühlkost[1973] erleichterten die Essenszubereitung.

Zuletzt erlagen die Deutschen der ›Urlaubswelle‹ und dem ›Autoboom‹. Der eigene PKW.[1941] wurde zunehmend erschwinglich, angefangen bei dem VW[1954]-Käfer[1973]. Ursprünglich ein Projekt der NS-Organisation Kraft durch Freude[1941], sollte der KdF.-Wagen[1941] als Volkswagen[1941] auch Familien mit kleinerem Einkommen zur Verfügung stehen. Nach dem Krieg übernahm man im Volkswagenwerk[1941] in Wolfsburg amerikanische Produktionsanlagen und -methoden. Die so erstmals in Deutschland am Fließband[1961] hergestellten, nun offiziell ›Volkswagen‹ – VW[1954] – getauften Autos wurden zu einem der größten Erfolge der deutschen Wirtschaftsgeschichte[1961]. Der von seiner Form abgeleitete Kosename ›Käfer‹ soll als *Beetle* zuerst in den USA aufgekommen sein. Möglichst mit dem eigenen Auto ging es dann auf Reisen, zum Camping[1941] in heimische Urlaubsregionen oder an die Strände des Mittelmeers. Anfang der 60er-Jahre boten Versandhäuser die ersten Pauschalreisen[1973] an, die man sich mit kleineren Einkommen leisten konnte – sie bereiteten den Weg zum

Massentourismus[1973]. Exotische Gerichte wie Schaschlik[1961] und Lasagne[1980], die Wilmenrod den noch recht häuslichen Deutschen in den 50er-Jahren bekannt gemacht hatte, konnten diese nun an den Küsten der Adria in originaler Zubereitung verspeisen.

> Schaschlik
> Die Zutaten sind: Scheiben von Hammelfilet, Räucherspeck, Reis, Zwiebeln, Öl, Pfeffer, Salz, Petersilie, Pfefferminzblätter oder englische Pfefferminzsauce (aus der Flasche).
>
> Lasagna
> Die Zutaten: Makkaroni, Butter, ein viertel Pfund Beefhacksteak, ein viertel Pfund Salami in sehr dünnen Scheiben, zwei harte Eier, ein halbes Pfund Tomaten, zwei Händevoll geriebener Käse, drei Eßlöffel Rosinen, ein Eßlöffel Nußstaub, eine kleine Zwiebel, Petersilie, Salz, Paprika.

Die Basis für die moderne, westdeutsche Konsumgesellschaft[1973] waren die Währungsreform[1954] mit der Einführung der Deutschen Mark[L1951/1954] (»Abk.: DM«) sowie das vielbeschworene Wirtschaftswunder[1961], um die sich jeweils allerlei Mythen[1880] ranken.

Zunächst war nicht ganz Deutschland völlig zerstört, wie eine Untersuchung der Alliierten nach dem Krieg geradezu enttäuscht feststellen musste. Die Industrieanlagen waren oft intakt geblieben, wichtige Produktionsstätten verlegt worden. Tatsächlich waren die Kapazitäten der deutschen Industrie nach 1945 sogar noch größer als vor dem Krieg dank der massiven Rüstungsausgaben[1934] des NS-Regimes. Der Eindruck aber, der sich im Kollektivgedächtnis festgesetzt hatte und etwa in zahllosen Wochenschau[1941]-Aufnahmen aus zunächst propagandistischem Zweck festgehalten worden war, Trümmerwüsten mit Menschenschlangen beim Aufräumen, war in Wirklichkeit nur ein kleiner Ausschnitt der Realität.

Die Pläne zur Währungsreform stammten genauso aus den USA wie die ersten gedruckten DM-Banknoten, die im Frühjahr 1948 unter großer Geheimhaltung Deutschland erreichten. Ein wichtiger Vordenker war ausgerechnet ein wegen seiner jüdischen Abstammung von den Nazis ins Exil gezwungener Finanzexperte aus Deutschland, Gerhard Colm. Dass sich Ludwig Erhard später zum ›Vater des Wirtschaftswunders‹ stilisieren konnte, verdankte er nicht zuletzt der sogenannten Brigade Erhard unter Bonner Wirtschaftsjournalisten: Regierungskritische Berichterstattung musste in den ersten Jahren der Bundesrepublik noch erlernt werden, wurde von einer weitgehend entpolitisierten Öffentlichkeit aber auch nicht vermisst. Ein Wendepunkt war hier 1962 die sogenannte Spiegel-Affäre, als Verteidigungsminister[1967] Franz Josef Strauß nach einer unliebsamen Berichterstattung gegen das Nachrichtenmagazin »Der Spiegel« wegen Landesverrat ermitteln ließ und damit eine Regierungskrise auslöste. Die wegweisenden wirtschafts- und sozialpolitischen Maßnahmen der Zeit musste Bundeskanzler[1954] Konrad Adenauer[1961] von der CDU[1947] gegen seinen Parteifreund Erhard durchsetzen: die Rentenreform[1967] von 1957, mit der die noch heute übliche Finanzierung der Rentenversicherung[1961] im Umlageverfahren eingeführt wurde, sowie 1951 die Montanunion[1954] und 1957 die EWG[1967]/Europäische Wirtschaftsgemeinschaft[1967] mit dem Ziel eines Gemeinsamen Marktes[1961].

Auch die Bedeutung des Marshallplans[L1951/1954] stellt sich anders dar als oft angenommen. Es waren weniger konkrete Geld- und Sachleistungen, die für Deutschland wichtig waren. Vielmehr nutzen die Amerikaner das Versprechen auf Wirtschaftshilfen zum Durchsetzen der Europäischen Zahlungsunion, die den Zahlungsverkehr im Außenhandel erleichterte. Dies trieb eine wirtschaftliche Integration Westeuropas voran, die der USA auf Suche nach Absatzmärkten ebenso half wie Westdeutschland, das Zugang zum Weltmarkt erhielt.

Das Wirtschaftswunder war zudem keine deutsche Besonderheit. In ganz Nord-, West- und Südeuropa, die von der neugewonnen politischen Stabilität und Zusammenarbeit profitierten, setzte ein Rekordwachstum ein. Für die Bundesrepublik war es der Koreakrieg[1961] ab 1950, der einen wahren Boom[1941] initiierte: Wegen der im Zweiten Weltkrieg aufgeblähten Produktion, die seit 1945 stillstand, verfügte das Land über die nötigen Ingenieure, Anlagen und nicht zuletzt Rüstungsbetriebe[1961], die im nun beginnenden Rüstungswettlauf[1967] und Wirtschaftsaufschwung[1973] die steigende Nachfrage nach Maschinen und Stahl bedienen konnte. Schnell war ein Exportüberschuss[1986] erreicht, und made in Germany[1929] wurde wieder zu einem weltweit geschätzten Markenzeichen[1980] und Gütesiegel[2004]. Bald stellte sich ein Arbeitskräftemangel[2009] ein, dem man durch die Anwerbung von sogenannten Gastarbeitern[1967] entgegenwirken wollte; die ersten bilateralen Verträge hierzu wurden 1955 mit Italien, 1960 mit Spanien und Griechenland und 1961 mit der Türkei geschlossen. Auch die Arbeitsimmigrantinnen[online] und -immigranten[online] bereicherten die deutsche Eßkultur[1973], etwa um Pizza[1967/L1985], Paella[1973], Gyros[1986] sowie Kebab[1980] und Dönerkebab[1991]/Döner[1996]. An seine frühere Stellung konnte auch der »Duden« anknüpfen: 1955 bestimmten die westdeutschen Kultusministerien[1954], dass bis zu einer amtlichen Neuregelung die Schreibweisen und Regeln von 1902 gelten und in Zweifelsfällen der Mannheimer Duden maßgeblich sei.

Das vermeintliche deutsche Erfolgsrezept schließlich, die noch heute von interessierter Seite ständig beschworene soziale Marktwirtschaft[1967], ein recht schwammiger Begriff und kaum fassbares Konzept, war vor allem als Schlagwort erfolgreich. Die Idee dahinter, dass die Marktwirtschaft[1961] an sich schon sozial sei – ›der Kunde ist König‹ – und eine Sozialpolitik[1915] daher im Grunde verzichtbar, war und ist in erster Linie ein sehr liberales Anliegen.

Mit Weltkriegen[1929], Nazismus[L1951/1954] und Judenverfolgung[1973] hatten fast alle früheren Quellen des Nationalgefühls[1934] ihren Nimbus[1880] verloren: die Fahne[1880] und andere Symbole[1880], das Militär[1880], das Reich[1880], das Volk[1880]. An ihre Stelle trat als wichtiges identitätsstiftendes Moment der Stolz auf die Wiederaufbauleistung und Wirtschaftskraft – ergänzt vielleicht noch um das ›Wunder von Bern‹: der Sieg bei der Fußballweltmeisterschaft[1967] im Jahr 1954, dem in den nächsten Dudenauflagen eine auffällige Schwemme von Fußballwörtern folgte.

Von dem Wachstum profitierten aber nicht alle gleichermaßen. Auch gab es 1945 keine ›Stunde Null‹, und 1948 begannen nicht alle nur mit dem bar ausgezahlten ›Kopfgeld[1973]‹ von 40 DM in der Hand. Für die Wirtschaftselite bedeutete das Kriegsende keinen wesentlichen Einschnitt; Profiteure des NS-Regimes und der Arisierung[1941] wie die Flicks (Daimler-Benz), die ›Kaufhauskönige‹ Horten und Neckermann oder die Quandts (BMW) setzten ihre lukrativen Karrieren fort. Es lag also nahe, das Ganze zumindest mit einem guten Narrativ einer sozialen Marktwirtschaft zu verbrämen. Der damals entwickelte unbedingte Primat[1880] der Wirtschaft, genauer der Unternehmensgewinne, bestimmt die Politik der Bundesrepublik bis heute.

Neue Wirtschaftskomposita in Zeiten des Wirtschaftswunders[1961]

-abteilung[1967] – -ankurbelung[1961] – -aufschwung[1973] -ausschuß[1967] – -berater[1961] – -block[1967] – -direktor[1961] – -führung[1961] – -gebäude[1961] – -gebiet[1973] – -geld[1961] – -gemeinschaft[1973] (Europäische -; Abk.: EWG) – -geographie[1967] – -geschichte[1961] – -hochschule[1961] – -jahr[1967] – -konferenz[1973] – -leben[1961] – -lenkung[1967] – -minister[1967] – -ordnung[1973] – -prüfung[1967] – -raum[1973] – -reform[1973] – -sabotage[1961] –

-spionage[1973] – -system[1967] – -teil[1973] (einer Zeitung) – -theorie[1967] – -union[1973] – -wunder[1961] – -zweig[L1967/1973]

Das eigentliche ›Wunder‹ der deutschen Nachkriegswirtschaft ereignete sich 1952 auf der Londoner Schuldenkonferenz. Aus Sorge, eine instabile und verarmte Bundesrepublik könne unter dem Einfluss des Ostens dem Kommunismus anheimfallen, drängten die Amerikaner die von den Deutschen mit Krieg, Plünderung und Vernichtung überzogenen Nachbarstaaten, auf Reparationen[1929] zu verzichteten. Zudem strich man Westdeutschland den Großteil der zum Teil noch aus der Zeit der Weimarer Republik herrührenden Schuldenlast[1967] – ein Verfahren, das gut 60 Jahre später die Bundesregierung[1961] und eine aufgestachelte deutsche Öffentlichkeit Griechenland, das unter der deutschen Besatzung extrem gelitten hatte, in seiner Staatsschuldenkrise nicht zubilligen mochten.

Die wirtschaftliche und politische Integration in den Westen gehört unzweifelhaft zu den großen Leistungen des ersten Bundeskanzlers Adenauer. Zu seiner Zeit umstritten – man warf ihm vor, er habe die vermeintliche Chance zu einer frühzeitigen Wiedervereinigung[1961] vertan –, war dieser Schritt jedoch angesichts der Blockbildung im kalten Krieg[L1951/1967], die sich jenseits deutscher Einflussmöglichkeiten vollzog, alternativlos. Nachdem 1952/54 die westlichen Alliierten der Bundesrepublik eine weitgehende Souveränität zugebilligt hatten, wurden vor allem die Wiederbewaffnung mit der Gründung der Bundeswehr[1961] und der Beitritt zur NATO[1954/L1957] 1955 heftig diskutiert. Mit der Aussöhnung zwischen den früheren ›Erbfeinden[1915]‹ machten Konrad Adenauer und der französische Staatspräsident Charles de Gaulle[1961] den Weg frei für eine Europäische Einigung. Nach einer Basis für ein künftiges Miteinander suchte der deutsche Kanzler auch mit dem 1948 gegründeten Staat Israel[L1951/1954] – »das jüdische Volk im A.T.; heute auch (vorwiegend von Juden bewohnter) Staat in Vorderasien«, wie der Leipziger und der Mannheimer Duden wortgleich erklären.

Gesellschaftspolitisch war die Adenauer-Ära eine Zeit des Konservatismus[1915] und der Spießigkeit[1973]. So blieb etwa der von den Nazis verschärfte Paragraf 175 zur Verfolgung homosexueller[1915] Männer in Kraft. Ein strammer Antikommunismus machte alle ›linken‹ Bestrebungen verdächtig, und 1956 wurde die KPD verboten – ihr Märtyrerstatus war endgültig dahin. Für Frauen wurde die Rolle als Hausfrau und Mutter propagiert; die bürgerliche Kleinfamilie galt als Ideal. Entwicklungen, deren Folgen heute offenbar werden, zum Beispiel in der Stadtplanung das Ziel der ›autogerechten‹ Stadt, nahmen in den Wiederaufbaujahren ihren Anfang. Hierzu gehört auch eine seither im Großen und Ganzen beibehaltene Agrarpolitik[1961], die auf eine möglichst billige Massenproduktion von Lebensmitteln abzielte. Was vor dem Hintergrund der entbehrungsreichen Nachkriegszeit noch sinnvoll erscheinen mochte, führte zum ›Höfesterben‹, dem weitgehenden und immer noch anhaltenden Niedergang kleinerer ländlicher Betriebe, und zeigt heute gar nicht bienenfreundlich[2020] die negativsten Konsequenzen für Tierwohl[2020] und Klimawandel[2004]. Der erste große Lebensmittelskandal ereignete sich aber schon 1958: Im sogenannten Nitrit[1915]-Skandal kam heraus, dass Metzgereien große Mengen Natriumnitrit im Pökelsalz verarbeitet hatten, um Hackfleisch[1961] durch eine rote Färbung länger frisch aussehen zu lassen; ein Metzgerlehrling war dabei sogar durch eine Nitritvergiftung ums Leben gekommen.

Wilmenrod verwendete selbstredend nur bestes Hackfleisch. Etwa bei einem seiner größten Triumphe, für den die entsprechende Livefolge, nachdem »an die sechzigtausend Briefe« mit Rezeptanfragen eingegangen waren, wiederholt werden musste:

Arabisches Reiterfleisch
Ein halbes Pfund Rinderhack, ein Ei, eine kleine Zwiebel, eine Gewürzgurke, Salz, Pfeffer, Paprikapulver, Tomaten-Ketchup, Meerrettich, Joghurt, Olivenöl, Kopfsalat, Silberzwiebeln.

Das Ganze – Salat und Silberzwiebeln dienen am Ende nur zur Deko – wird vermengt und in einer Pfanne in Öl oder Butter angebraten und ergibt im Grunde nur eine große, ungeformte Frika(n)delle[1880]. Aber die Weisheiten des Fernsehkochs gingen über Mengenangaben, Zubereitungszeiten und schnöde Ergebnisse weit hinaus: Wie bei der anfangs referierten Zusammenstellung des Freßkobers/Picknickkorbs[1980] enthielten Wilmenrods Bücher immer wieder detaillierte Tipps für ein schönes und genussvolles Leben mit Ausflügen, Reisen, Barbesuchen, Partys und Festmahlen. Als ob den Deutschen nach Weltkrieg, Steckrübenwinter, Inflation, Weltwirtschaftskrise, Diktatur, wieder Weltkrieg und Besatzungszeit die einfachsten Dinge der Geselligkeit erst einmal beigebracht werden mussten.

Die Bücher richteten sich auch keineswegs nur an Frauen, Männer wurden ebenso bedacht – natürlich, das Familienbild der Adenauer-Zeit im Hintergrund, nur unverheiratete:

> Spaghetti sind im allgemeinen das, womit der Junggeselle anfängt zu kochen. Er nimmt sie aus dem Paket, bricht sie kurzerhand in die gewünschte Länge und wirft sie in den Topf. Das Zerbrechen ist ein Akt der Barbarei, und ich möchte Sie bitten, es doch nie mehr zu tun.

Spaghetti[1929] (»Fadennudeln«) finden sich immerhin schon in der 10. Dudenauflage: Die korrekte Zubereitung hätte in den 50er-Jahren also schon längst bekannt sein können.

Für Wilmenrod waren seine Ratschläge ein großer kommerzieller Erfolg. Die Kochbücher erreichten höchste Auflagenzahlen, und in seiner Kochshow betrieb er gezielt Product placement[1991] *avant la lettre*, vor allem der vollelektrische Schnellbrater ›Heinzelkoch‹ wurde immer wieder herausgestellt. In »Es liegt mir auf der Zunge« informiert der Autor:

> Hier trieb der berühmte deutsche Erfindergeist eine liebenswerte Blüte. Hier sind Revolution und Fortschritt eine ideale Ehe eingegangen. Ich bitte mich recht zu verstehen: Nichts wäre mir ferner, als etwas anpreisen zu wollen, aber es liegt wohl auf der Hand, daß ich zum Einsatz in der Fernsehküche nur das Allerbeste wählen konnte.

Wilmenrods Gegenpart in der DDR war Kurt Drummer. Dieser war zwar nicht ganz so flamboyant wie der Schauspieler, dafür aber ein tatsächlich ausgebildeter und hochdekorierter Küchenchef der gehobenen Interhotel[L1967/1980]-Kette (»Hotel mit internationalem Niveau«) sowie studierter Ernährungswissenschaftler. Drummers Kochsendungen im DFF[1991] – »Deutscher Fernseh Funk (so die von den Rechtschreibregeln abweichende Schreibung)« – starteten im August 1958, wohl nicht zufällig erst nachdem im Mai des Jahres die Rationierungen und Lebensmittelmarken abgeschafft worden waren – 19 Jahre nach Einführung durch die Nazis kurz vor dem Ausbruch des Weltkriegs. Trotz einiger exotischer Kreationen, inspiriert etwa durch die Küchen der sozialistischen Brudervölker[1973] in Kuba und Bulgarien, setzte Drummer anders als Wilmenrod, aber ganz nach heutigem Anspruch in der Regel auf frische, regionale und saisonale Produkte: Schließlich konnte er nicht auf ein scheinbar unerschöpfliches kapitalistisches Warenangebot zurückgreifen, sondern musste sich wie seine Zuschauerinnen und Zuschauer an die oft schwierige Versorgungslage in der DDR anpassen. Zuweilen erteilte das zuständige Ministerium im Sinne der Planwirtschaft[1929] dem beliebten Fernsehkoch im Voraus Anweisungen für seine Sendungen, zum

Beispiel bei einem absehbaren Mangel an Zitronen auf den hohen Vitamin-C-Gehalt von verfügbaren Paprika hinzuweisen.

Auch Wilmenrod nutzte seine Popularität, um den Verbrauch zu steuern – aber in entgegengesetzter Weise. So ließ er sich 1957 von einem Oldenburger Puter[1880]-Produzenten bezahlen, um das in Deutschland noch recht ungebräuchliche Großgeflügel in einer Sendung zur Weihnachtzeit als Alternative zum Gänsebraten[1893] anzupreisen. Ähnliche Vereinbarungen gab es mit der Obst- und Gemüsekonservenindustrie, und ein Rumtopf[1973/L1985] wurde auf speziellen Wunsch einer Spirituosenfirma präsentiert: »Die Herstellung ist, wie gesagt, ganz einfach.« In einer Zeit, als die öffentlich-rechtlichen Rundfunkanstalten[1980] noch stark nach ihrem Bildungsauftrag[2009] beurteilt wurden, geriet Wilmenrod mit seiner Geschäftstüchtigkeit und redseligen Art zunehmend in die Kritik. Nach der Absetzung der Kochshow fiel er in Depressionen, darüber hinaus war er – Ironie des Schicksals – an Magenkrebs erkrankt. 1967, nur drei Jahre nach dem Ende seiner Fernsehkarriere, nahm sich der einst gefeierte »Bundesfeinschmecker« das Leben. Drummer gab seine Sendung erst 1983 nach 650 Folgen auf. Nach der Wende erklärte er, er habe keine Lust mehr gehabt, sich um die ständig fehlenden Zutaten zu kümmern.

Königsberg[1915] und sein Klops[1880] – Speisen und ihre Entsprechungen in West und Ost

1941–	Backhendel	L1976–	Broiler
1961–	Bismarckhering	–	
1986–	Hamburger	L1985–	Grillette
1915	Königsberg – Stadt; -er Klops – Fleischgericht		

1929	Königsberg – Reg.-Bez. u. Hauptstadt (Universitätsstadt) von Ostpreußen; -er Klops – Fleischgericht		
1934, 1941	Königsberg – Stadt in Ostpreußen; -er Klops – Fleischgericht		
1947	Königsberg – On.; -er Klops		
1954	Königsberg – Ortsn.; -er Klops	L1951	– [Kaliningrad – (nach dem sowjetischen Politiker Kalinin) Stadt in der SU]
1961	Königsberg – Hptst. Ostpreußens; -er Klops – Fleischgericht	L1957	Königsberg – s. Kaliningrad Königsberger – 1. der; 2. als Beifügung: Königsberger Klops [Kaliningrad – (nach dem sowjet. Staatsmann) früher Königsberg (Stadt im W der UdSSR)]
1967	Königsberg (Pr) – Hptst. Ostpreußens; Königsberger Klops – ein Fleischgericht	L1967	Königsberg – s. Kaliningrad Königsberger – der [Kaliningrad – (nach dem sowjet. Staatsmann) früher Königsberg (Stadt im W der UdSSR)]

1973, 1980, 1986	Königsberg (Pr) – Hptst. der ehem. Provinz Ostpreußen; Königsberger Klops – ein Fleischgericht; vgl. Kaliningrad [Kaliningrad – sowjetruss. Name von: Königsberg (Pr)]	L1976	– [Kaliningrad – Stadt im W der UdSSR]
		L1985	– [Kaliningrad – Stadt im W der RSFSR]

1991 Königsberg – russ. Kaliningrad; Königsberger Klops – ein Fleischgericht; vgl. Kaliningrad [Kaliningrad – sowjet. Stadt am Pregel; vgl. Königsberg]

1967	Pizza	L1985	Pizza

Der Duden bittet zu Tisch

Speisen, Lebensmittel – und Ersatzprodukte

1880 Bonbon
Frika(n)delle
Lebkuchen
Mixed Pickles
Olivenöl
Pudding
Roastbeef
Roulade

1887 Solei

1897 Eisbein
Tomate

1902 Curry

1905 Gorgonzola
Rollmops

1915 Hausmannskost
Joghurt
Kek(s)
Königsberger Klops
Sauerkraut
Schlesisches Himmelreich
Schwarzbrot
Spätzle
Würzfleisch

1929 Ragout fin
Spaghetti

1934 Eintopfgericht
Hackepeter

1941 Backhendel
Bockwurst
Pommes Frites

1951 Maggiwürze

1961 Bismarckhering
Hackfleisch
Ketchup
Ravioli
Schaschlik
Steckrüben

1967 Pizza

1973 Birchermüsli
Broiler
Christstollen
Maultaschen
Ochsenschwanzsuppe
Rumtopf
Saumagen

1980 Čevapčiči
Cumberlandsoße
Fertiggericht
Fischstäbchen
Lasagne

L1985	Grillette
1986	Chop-suey
	Currywurst
	Gyros
	Hamburger
	Kamelle
	Tsatsiki
	Zigeunerschnitzel
1991	Dönerkebab
	Dosengemüse
	Sonntagsbraten
1996	Döner
	Schwarzwälder Kirschtorte
2000	Carpaccio
2004	Bruschetta
	Donut
	Falafel
	Nahrungsergänzungsmittel
	Surimi
	Zeste
2006	Bagel
	Sugo
2009	Stockbrot
	Tarte
2013	Edamame
2024	Astronautennahrung
	Biskuitrolle
	Buchstabensuppe
	Ersatzprodukt
	Fleischersatz
	Gemüsekiste
	Hummus
	Kochbox
	Räuchertofu
	Salsiccia
	Sushireis
	Tahin

Fußballwörter von Mannschaft bis Videobeweis

Duden geht in die Verlängerung

1880	Mannschaft
	Schiedsrichter
	Stürmer
	Tribüne
	Tricot
1887	Sport
	Mittellinie
1893	Trainer
1897	Trikot
1902	Verlängerung
1905	Fußball
	Stadion
1915	Auslosung
	dribbeln
	kicken
	Team
	Torwart
1929	Anpfiff
	Foul
	Fußballer
	Torhüter
1941	Ausputzer
	Freistoß
	Halbzeit
1954	Rechtsaußen
	Linksaußen
1961	Abpfiff
	Abseits
	Eigentor
	Endspiel
	Europameister
	Fan
	Linienrichter
	Mittelstürmer
	Schiri
	Schlachtenbummler
	Strafraum
	Unparteiische
	Elfmeter
1967	Abwehrspieler
	Achtelfinale
	Bundesliga
	Fußballweltmeisterschaft
	Halbfinale
	Hattrick
	Kopfballtor

Länderspiel
Rückspiel
Strafstoß
Viertelfinale
1973 Auswärtsspiel
Catenaccio
Fallrückzieher
Hackentrick
Kopfball
Libero
Mittelfeld
Torjäger
Vorrunde
1980 Bundestrainer
Doppelpaß
Manndeckung
Platzverweis
1986 Abseitsfalle
Anschlußtreffer
elfmeterreif
Elfmeterschießen
Europameisterschaft
Torfrau
1991 Außenverteidiger
Fußballspielerin
Hooligan
La-ola-Welle
Rückpaß
1996 Champions League
tunneln
2000 Golden Goal
2004 Rumpelfüßler
2006 Auflaufkind
Ballbesitz
Libera
Nachspielzeit
Rückennummer
Chancentod
2009 Fanblock
Fankurve
Fanmeile
Public Viewing
Sommermärchen
WM-Fieber
2020 Einlaufkind
Geisterspiel
Videobeweis

Oblomowerei, Subbotnik und Towaristsch

Spitzbärte und andere Herausforderungen: Politik und Alltag in der DDR

»›O-blo-mo-werei!‹ sagt Ilja Iljitsch langsam; er ist über dieses sonderbare Wort verwundert und zerlegt es in seine Silben: ›O-blo-mo-werei!‹« Als ›Oblomowerei‹ hatte Ilja Iljitschs Freund, der zielstrebige und unternehmerische Andrei Stolz, das gerade vor ihm ausgebreitete Lebensideal Oblomows verspottet: ein ländliches Idyll in heiter-gelassener Eintönigkeit mit Samowar[1880] und Sahne[1880] zum Thee[1880–1905]/Tee[1902] im Birkenwäldchen, umsorgt von einer Schar von Dienern. Davon besitzt Oblomow gleich dreihundert, ›Seelen‹, Leibeigene also, denn wir schreiben das Jahr 1859 und befinden uns im feudalen Russland der Zarenzeit. Von Stolz angespornt, schmiedet Oblomow zunächst neue Pläne für eine erfolgreiche Zukunft: »Vorwärtsgehen oder stehenbleiben? Diese Oblomowsche Frage war für ihn tiefsinniger als die Hamletsche.« Doch dann zögert Ilja Iljitsch die nötigen Schritte wieder und wieder hinaus und fällt in seine gewohnte Lethargie[1880] zurück. Am Ende erliegt Oblomow[L1951] (»Titelheld eines Romans des russ. Schriftstellers Gontscharow; übertr. für: träger Träumer«) seiner ebenso vornehmen wie fatalen Form der Prokrastination[2020].

Der Weg der Oblomowerei[L1951] – »von Lenin geprägte Bezeichnung für die lebensuntüchtige, passive Grundhaltung, die der Bolschewismus (in der SU) überwunden hat« – aus dem Roman von Iwan Gontscharow in die deutsche Sprache führte, wie der Leipziger Duden erläutert, über den Gründer der UdSSR.[1929]/Sowjetunion[1934] Wladimir Iljitsch Lenin[1929]. 1905 erscheint das Wort in seinem Artikel zu »Parteiorganisation und Parteiliteratur«, in dem Lenin »den lebendigen Atem der lebendigen proletarischen Sache […] dem alten, halb Oblomowschen, halb krämerhaften russischen Prinzip« gegenüberstellt und programmatisch fordert, dass alle Arbeit »vom organisierten sozialistischen Proletariat verfolgt und kontrolliert werden« müsse.

Ebenso programmatisch war sicher die Aufnahme des Ausdrucks als Lemma im ersten Duden der 1949 gegründeten Deutsche Demokratische Republik[L1951/1973]/DDR[L1951/1973]; inwieweit die Oblomowerei über eine propagandistische Verwendung hinaus Eingang in den alltäglichen Sprachgebrauch gefunden hatte, lässt sich nur vermuten. In erster Linie spiegelte es den Umbau von Politik, Gesellschaft und Wirtschaft Ostdeutschlands[1893] nach sowjetischem[1941] Vorbild wider. Die Junker[1880] – »adliger Großgrundbesitzer, bes. Angehöriger des früheren reaktionären ostelb. Landadels«, wie die 15. Dudenauflage 1957 ausführt – waren schon 1945 geflohen oder vertrieben worden: In der Mehrheit hatten sie sich auf ganz und gar nicht oblomowsche Weise im Naziregime[L1951/1973] und zweiten Weltkrieg[L1951/1954] engagiert und fürchteten die Rache der Sieger. Allein im ›Speziallager Nr. 2‹ – das von den Sowjets[1929] umgewandelte KZ[1947] Buchenwald[L1967] (»hitlerfaschist. Konzentrationslager nahe Weimar«) – starben bis 1950 Tausende Inhaftierte, die zu Recht oder Unrecht als Nazis[1947] verdächtigt wurden oder ansonsten den neuen Machthabern unbequem waren.

Nach dem Großgrundbesitz gerieten mittel- und kleinbäuerliche Betriebe unter Druck, sich zu kollektivieren[L1951]. Der Kollektivismus[1915] als »Form des Sozialismus« findet sich schon in der 9. Dudenauflage; die 12. Auflage von 1941 ätzt: »die Masse betonende, das an das Volkstum gebundene Einzelwesen verneinende Weltanschauung«. Seine ökonomische Bedeutung erhält das zugrunde liegende Kollektiv(um)[1887] (»Sammelname«) aber erst in der Nachkriegsauflage des Duden von 1947: »Zusammenordnung von Menschen in einem äußeren Produktions- und Lebenszusammenhang; landwirtschaftlicher Zusammenschluß in der Sowjetunion«. Gleichzeitig werden die Begriffe Kolchos[1947] (»landwirtschaftliche Kollektivwirtschaft in der Sowjetunion«) und Kolchosbauer[1941] (»auch Kolik«) sowie Sowchos[1947] (»Staatsgut in der Sowjetunion«) aufgenommen. Die Kollektivierung betraf nicht nur die Landwirtschaft, sondern alle Wirtschaftszweige – und auch das Leipziger Bibliographische Institut wurde enteignet und 1946 von einer AG in einen Volkseigenen Betrieb[L1951] (»Abk.: VEB«) umgewandelt.

Das Ziel der Sozialistischen Einheitspartei Deutschlands[1947] (»Abk.: SED«), deren Kader[1905] – 1985 erklärt der Ostduden: »herausgebildeter Stamm von Nachwuchs- bzw. Führungskräften auf allen Gebieten des gesellschaftl. Lebens« – die wesentlichen Schlüsselpositionen im Arbeiter-und-Bauern-Staat[L1967] besetzten, waren der ›Aufbau des Sozialismus[1902]‹ und die ›Diktatur des Proletariats[L1957]‹ (»die der Errichtung des Sozialismus dienende Herrschaft der Arbeiterklasse«). Repräsentative Demokratie[1967] und Gewaltenteilung[1980] konnten dabei nur stören – zur Volksdemokratie[L1951] erläutert die 14. Dudenauflage aus Leipzig: »Staatsform, bei der das Volk im Gegensatz zu bürgerlich-parlamentarischen Staaten wirklich regiert«. In der Praxis sah das so aus: Bei den Wahlen zur Volkskammer[L1951/1973] stellte die theoretisch überparteiliche, tatsächlich aber von der SED kontrollierte Nationale Front[L1951] eine Einheitsliste[1967] zusammen, der man nur durch Einwerfen in die Wahlurnen zustimmen konnte – das Benutzen der Wahlkabine galt schon als Zeichen der Opposition. Die Verteilung der Sitze auf die SED, die sogenannten Blockparteien[L1985], die den Anschein eines Parteienpluralismus aufrechterhalten sollten, sowie Massenorganisationen[L1957] wie FDGB[1947] (»Freier Deutscher Gewerkschaftsbund«) und FDJ[1947] (»Freie Deutsche Jugend«) folgte einem festen Schlüssel, die die Dominanz der SED sicherte. Die ostdeutschen Länder, ein störendes Überbleibsel des

Föderalismus[1887], wurden 1952 aufgelöst und durch zentral gelenkte Bezirke[1880] ersetzt.

Mit der sich ab Beginn der 1950er-Jahre abzeichnenden Westintegration der Bundesrepublik Deutschland[1967/L1967]/BRD[1967/L1976] zog das SED-Regime in Absprache mit Moskau die Schrauben enger an: Die Gründung der ›Kasernierten Volkspolizei‹ 1952 bereitete die Aufstellung einer Armee vor – die 1956 gegründete Nationale Volksarmee[L1957] (NVA). Das Herunterfahren von Subventionen führte zu Preiserhöhungen. Die Intensivierung des Klassenkampfes[L1951/1961] (»zuerst von Karl Marx angewendeter Ausdruck, 1847«) gegen politische Gegnerinnen und Gegner zog eine Verhaftungswelle nach sich. Die Konsumgüterproduktion wurde zugunsten der Schwerindustrie zurückgestellt. Aber auch die Versorgung mit alltäglichen Lebensmitteln blieb ein Dauerproblem – die Rationierungen endeten im Osten erst 1958, acht Jahre später als im Westen. Die Verteilung des Großgrundbesitzes an oft unerfahrene sogenannte Neubauern[L1951] im Zuge der Bodenreform[1934] 1945 sowie die forcierte Gründung von landwirtschaftlichen Produktionsgenossenschaften[L1957] (»Abk LPG«) ab 1952 führten zum Rückgang von Ernten. Hinzu kam eine verheerende Kartoffelkäferplage, die man aber zumindest propagandistisch nutzte: Angeblich hatten die Amerikaner als biologische Kriegsführung die ›Amikäfer‹ im Osten verbreitet. Außerdem musste die DDR weiterhin hohe Reparationen[1929] an die Sowjetunion leisten – bis 1953 insgesamt 60 Prozent der Produktion. Die Planwirtschaft[1929], geregelt etwa durch Fünfjahrespläne[1947], konnte nicht flexibel genug auf Veränderungen in Angebot und Nachfrage reagieren. Gleichzeitig gingen immer mehr Menschen in den boomenden Westen, allein in den ersten Monaten des Jahres 1953 über 300.000 – vor allem junge und gut ausgebildete Fachkräfte.

Als Ansporn sollte das propagandistische Pendant der ›Oblomowerei‹ dienen, die Stachanowbewegung[L1951]: Sie pries den sowjetischen Bergmann Alexei Grigorjewitsch Stachanow, der die im Plansoll[L1957] vorgegebenen Arbeitsnormen[L1967] erstaunlich – und wohlorchestriert – übererfüllt[L1957] hatte. Außerdem wurde der sozialistische Wettbewerb[L1957] gefördert, etwa durch Prämien oder Würdigung als ›Held der sozialistischen Arbeit‹. Berühmtheit erlangte später die Rekordweberin Frida Hockauf, von der die Losung »So wie wir heute arbeiten, werden wir morgen leben« stammen soll.

Doch die ständig steigenden Forderungen, die nicht zuletzt die verbleibenden freien Bauern und Gewerbetreibende in die Knie zwingen sollten, wurden zum Auslöser für den Aufstand vom 17. Juni 1953, der zuerst von ländlichen Betrieben ausging. Als ausgerechnet auf den Baustellen der Stalinallee in Ost-Berlin[1967] – einem nach dem sowjetischen Diktator Stalin[1941] benanntes Vorzeigeprojekt mit palastartigen Wohnkomplexen für die Werktätigen[L1951/1954] – die Arbeiter in einen Streik[1880] traten, griff die Erhebung in kürzester Zeit auf die gesamte Republik über. Indirekte Hilfe kam von dem Westberliner Sender RIAS[1954/L1957] (»Rundfunksender im amerikanischen Sektor«), der anders als die DDR-Medien über die Vorgänge berichtete – nachtragend ergänzt die Leipziger Ausgabe bei diesem Wörterbucheintrag: »Spionagezentrum unter direktem Einfluß des USA-Monokapitals«. Viele erwarteten weitere Unterstützung aus dem Westen; zudem ließ der Tod Stalins einige Monate zuvor auf ein politisches Tauwetter hoffen. Mit Blick auf die eigenen Machthaber, den bärtigen Walter Ulbricht[L1957] (»dt. sozialist. Politiker«), den rundlichen Wilhelm Pieck[L1957] (»Präsident der Deutschen demokratischen Republik«) und den sich intellektuell gebenden Otto Grotewohl[L1957] (»Ministerpräsident der DDR«), skandierten die Demonstrierenden:

Spitzbart, Bauch und Brille sind nicht des Volkes Wille!
Das hat alles keinen Zweck, der Spitzbart muss weg!

Nach nur wenigen Tagen jedoch hatten die sowjetischen Besatzungstruppen mithilfe der Kasernierten Volkspolizei den Aufstand niedergeschlagen; mindestens 55 Personen wurden getötet, zahllose Menschen verhaftet und später zu oft langen Haftstrafen verurteilt. In der Folge reagierte die Staats- und Parteiführung der DDR mit einem weiteren Ausbau des Überwachungs- und Repressionsapparates. Hierzu gehörten die noch 1953 neuaufgestellten paramilitärischen Kampfgruppen[L1967] (»unmittelbar bewaffnetes Organ der Arbeiterklasse in den Betrieben, den landwirtschaftl. Produktionsgenossenschaften u. anderen Institutionen der DDR«) sowie eine Umstrukturierung des Ministeriums für Staatssicherheit (MfS), der sogenannten Stasi[1980] (»DDR: ugs. kurz für: Staatssicherheitsdienst«) – die vor der Wende nicht im »eigenen« Duden auftaucht. Gleichzeitig wurden unter anderem die umstrittenen Arbeitsquoten gesenkt, die Kollektivierung zumindest vorläufig ausgesetzt und neben der Schwerindustrie auch die Produktion von Konsumgütern in den Blick genommen. Die Sowjets schrieben nicht nur die Reparationen ab, sondern halfen der DDR mit Lebensmittellieferungen und Krediten. 1955 wurde das Land als Mitglied des Warschauer Paktes[1967]/Warschauer Vertrages[L1976] Teil des östlichen Militärbündnisses unter Führung der UdSSR. Über sein Gegenstück, die NATO[1954/L1957], findet der Leipziger Duden deutliche Worte: »als ›Nordatlantikpakt‹ bezeichnetes aggressives politisch-militär. Bündnis kapitalist. Staaten unter Führung der USA«. Wirtschaftlich war die DDR schon ab 1950 über den Rat für Gegenseitige Wirtschaftshilfe[L1967] (»Abk. RGW«) mit anderen Staaten des Ostblocks[1967] vernetzt.

In West-Berlin[L1951/1954] und Westdeutschland[1941] hatte man der Erhebung tatenlos zusehen müssen: Jede Einmischung hätte einen Konflikt zwischen den Blöcken heraufbeschwören können. Immerhin wurde in der Bundesrepublik der Siebzehnte Juni[1967] (»Tag des Gedenkens an den 17. Juni 1953, den Tag des Aufstands in Ostdeutschland«) als Tag der deutschen Einheit[1961] (mit kleinem ›d‹) zu einem nationalen Feiertag erklärt, abgelöst erst am 3. Oktober 1990 durch den Tag der Deutschen Einheit[1991] (mit großem ›D‹).

Entstalinisierung[1967] im Duden

1941	Nation – (durch »Geburt« zusammengehöriges) Volk; Staatsvolk
1947	Nation – Staatsvolk
L1951, L1957	Nation – »historisch entstandene stabile Gemeinschaft von Menschen, entstanden auf der Grundlage der Gemeinsamkeit der Sprache, des Territoriums, des Wirtschaftslebens u. der sich in der Gemeinsamkeit der Kultur offenbarenden psychischen Wesensart« (Stalin)
L1967–L1985	Nation – eine durch soziale, wirtschaftl., territoriale, sprachl. u. psych. Elemente gekennzeichnete Struktur- u. Entwicklungsform der menschl. Gesellschaft
1991–	Nation – Staatsvolk

Der kontinuierliche Brain-drain[1973] (»Abwanderung von Wissenschaftlern«) endete für die DDR erst mit dem Bau der sogenannten Berliner Mauer im August 1961, von dem Regime als ›antifaschistischer[1947] Schutzwall‹ verbrämt. Bis dahin war die Sektorengrenze[1954/L1957] in der Hauptstadt ein Schlupfloch, durch das immer mehr Menschen die DDR verlassen hatten. Der Mauerbau[2004] schockierte die Berlinerinnen und Berliner und riss Familien auseinander; weit über hundert Menschen verloren in den folgenden Jahren bei Fluchtversuchen ihr Leben (›Mauertote‹) – die sogenannte Republikflucht[1967] findet sich jedoch nur im Westduden. Die 1961 eigens gebildeten ›Grenztruppen der DDR‹ – gefeiert als Friedenskämpfer[L1951] – folgten dem Schießbefehl[1973]. Legale Ausreiseanträge[2020] in den Westen waren mit langen Wartezeiten und Schikanen verbunden. Doch in einer Hochphase des kalten Kriegs[L1951/1967] – in der ›Kubakrise‹ 1962 schien die Welt kurz vor einem Atomkrieg[1973] zwischen den Supermächten[1986] zu stehen – beruhigte die Berliner Mauer zumindest die Lage an der deutsch-deutschen[1986] Grenze.

Anfang der 1970er-Jahre verdrängte Erich Honecker[1980] den altersschwachen Ulbricht, ab 1950 Generalsekretär des Zentralkomitees[L1951] (»Abk.: ZK«) der SED, als führenden DDR-Politiker. Im Zuge der Ostpolitik[1973] von Bundeskanzler Willy Brandt[2017] entspannten sich die Beziehungen zwischen beiden deutschen Staaten, die sich im sogenannten Grundlagenvertrag von 1972 faktisch anerkannten und 1973 Mitglieder der Vereinten Nationen[1954]/Uno[L1951]/UNO[1954/L1957] wurden. Erstmals erscheint nun die DDR[1973] als Lemma im Westduden.

Im Innern versuchte Honecker im Sinne einer ›Einheit von Wirtschafts- und Sozialpolitik‹ mit einer Anhebung des Lebensstandards[L1957/1961] der Unzufriedenheit der Bevölkerung entgegenzuwirken. Hierzu gehörten besonders Investitionen in das Wohnungsbauprogramm[L1985] und in die Konsumgüterindustrie[L1985] sowie hohe Subventionen für Verbrauchsgüter und Ausgaben für den Ankauf von Importartikeln wie Kaffee[1880]. Die soziale Absicherung war umfassend, und das DDR-Regime eröffnete Möglichkeiten, etwa für Frauen im Berufsleben, deren Erwerbsquote[2009] zuletzt bei über 90 Prozent lag – der höchsten weltweit –, oder für Kinder aus einfachen Verhältnissen, die in Arbeiter-und-Bauern-Fakultäten[L1951/1967] auf ein Studium vorbereitet wurden. Wie im Westen war der Stolz auf die Wiederaufbauleistung nach dem Zweiten Weltkrieg ein identitätsstiftendes Moment. Unter den Ostblockländern[1973] erreichte die DDR den höchsten Lebensstandard, und in einer Zeit, als im Kalten Krieg der *Space Race* mit Sputnik[1961/L1967]-Schock (»›Gefährte‹; Bezeichnung für die ersten sowjet. Erdsatelliten«) und US-Mondlandung[1973/L1985] größte Aufmerksamkeit genoss, war der erste Deutsche im All 1978 der Kosmonaut[1961/L1967] Sigmund Jähn; westdeutsche Astronauten[1961/L1967] folgten erst 1985.

Die weltweiten Ölkrisen[1980] in den Jahren 1973 beziehungsweise 1979/80 trafen die DDR-Wirtschaft schwer. Devisen wurden vor allem für Erdölimporte gebraucht, an anderen Stellen musste gespart werden – was Ende der 1970er-Jahre zu einer ausgewachsenen Kaffeekrise führte, als der Weltmarktpreis für die begehrten Bohnen aufgrund einer Missernte in Brasilien in die Höhe stieg. Eine billige Mischkaffeesorte, als »Erichs Krönung« verspottet, die mit Ersatzprodukten gestreckt worden war, ruinierte nicht nur Kaffeemaschinen, sondern wurden auch aus geschmacklichen Gründen abgelehnt. Der Mangel an Kaffee, auf beiden Seiten der Mauer ein unverzichtbarer Teil der deutschen Alltagskultur, bedeutete einen schwereren Ansehensverlust für das SED-Regime, das sich einem ›Konsumsozialismus‹ verschrieben hatte. Ohnehin wurde der Kaffeebedarf der DDR zu einem Fünftel durch die Westpakete gedeckt – und genauso planwirtschaftlich eingerechnet –, zu denen Markenkaffee wie die originale »Jacobs Krönung« als Standardgeschenk dazugehörte. In der Folge investierte man langfristig in die Erschließung neuer Importquellen: Mit ostdeutscher Hilfe wurde beim sozialistischen Brudervolk[L1973] in Vietnam[L1951/1954], das durch den Vietnamkrieg[1986] der Amerikaner schwer zerstört worden war, eine Kaffeeproduktion für den Export etabliert. Im Gegenzug sollten 20 Jahre lang die Hälfte der Erträge an die DDR gehen. Die ersten Ernten waren 1990 reif – als die DDR gerade aufgehört hatte zu bestehen. Immerhin ist Vietnam heute zweitgrößter Kaffeeproduzent der Welt. An ähnliche Importkürzungen bei Zutaten für Christstollen[1973]/Weihnachtsstollen[1915] wie Mandeln und Rosinen traute man sich erst gar nicht heran. Drastische Preissteigerungen für die stark subventionierten Güter des alltäglichen Bedarfs 1979 mussten sofort zurückgenommen werden; ähnliche Entwicklungen im Nachbarland Polen – von der SED-Führung nervös beobachtet – führten 1980 zu einer Streikwelle und schließlich zur Gründung der freien Gewerkschaft *Solidarność*.

Unter diesen Bedingungen fehlten in der Wirtschaft Gelder für notwendige Investitionen, und die Produktivität fiel im Vergleich zum Westen immer weiter zurück – trotz der Subbotniks[L1967]: den nicht ganz so freiwilligen, auf jeden Fall gut beobachteten Arbeitseinsätzen und Sonderschichten. Die heißbegehrten Westpakete und das verpönte Westfernsehen eröffneten Einblicke in die Lebensbedingungen der deutschen Nachbarn. Zwar hatte man für harte Devisen im Intershop[L1976] (»Spezialgeschäft mit konvertierbarer Währung als Zahlungsmittel«) ein größeres Angebot, die Normalbürgerinnen und -bürger mussten sich in der Regel jedoch mit Einkäufen in HO-Läden[L1951], im Konsum[L1951] (»Verkaufsstelle der Konsumgenossenschaft«) oder in Kaufhallen[L1976] begnügen. Auf einen Trabbi[1991] wartete man Jahre. Und nur mit guten Beziehungen war Bückware[2004] zu bekommen – »offiziell nicht vorhandene Ware, die unter dem Ladentisch verkauft wird«. Zunehmende Kritik erregte außerdem die Umweltverschmutzung[1973/L1976] durch eine veraltete Industrie und – da Erdgas und Erdöl zu teuer waren – die Energiegewinnung durch Braunkohle.

Infolge der Unterzeichnung der KSZE[1986]-Schlussakte (»Konferenz über Sicherheit und Zusammenarbeit in Europa«) im Jahr 1975, in der sich die beteiligten Staaten aus Ost und West unter anderem zu einer »Achtung der Menschenrechte und Grundfreiheiten, einschließlich der Gedanken-, Gewissens-, Religions- oder Überzeugungsfreiheit« selbstverpflichteten, versammelten sich auch in der DDR Bürgerrechtler[1980] und Bürgerrechtlerinnen[2004], oft mit Unterstützung der Kirchen, die den Unzufriedenen einen relativ geschützten Raum bieten konnten. Die Zahl der Ausreiseanträge stieg sprunghaft an. Die SED-Diktatur[2004] reagierte mit verschärften Repressionen und dem Ausbau des Spitzelsystems durch die IMs[1996] – »= inoffizieller Mitarbeiter (des Staatssicherheitsdienstes der ehm. DDR)«. Regimekritiker[1980] und -kritikerinnen[1991] wurden auch zur Beschaffung dringend benötigter Devisen[1880/1934] genutzt, wenn sich die BRD bereiterklärte, inhaftierte Menschen freizukaufen[1973].

SED[1947]-Parteisprache aus dem Russischen

Diversant[L1951] (jmd., der Diversion betreibt, Sabotageagent) – Natschalnik[L1951] (Vorgesetzter, Chef; Vorsteher) – Pjatiletka[L1951] (Fünfjahrplan) – Plansoll[L1957] – Towaristsch[L1951] (Genosse, Genossin [in der Anrede]) – übererfüllen[L1957] – Versöhnler[L1957] – Volkseigentum[L1957/1986]

Ein gewisser Stillstand lässt sich selbst am Duden ablesen: Im Gegensatz zur Entwicklung im Westen nahm ab den 1970er-Jahren die Zahl der Lemmata nicht mehr wesentlich zu. Ein Kennzeichen der ostdeutschen Dudenauflagen bleiben jedoch die ideologisch eingefärbten Erläuterungen zu einigen Schlüsselbegriffen: Lehrbuchartig wird hier erklärt, was zu denken sei. Das SED-Funktionärsvokabular entstammte den Traditionen der deutschen Arbeiterbewegung, wurde russischen Vorbildern entlehnt oder selbst erdacht. Vieles davon wirkt angestrengt und wenig souverän, was dem ständigen Ringen der DDR um internationale Anerkennung und Vorsprung gegenüber dem Klassenfeind entspricht – eine Attitüde, die in den westlichen Auflagen so nicht zu finden ist. Zwar wirkte der gesellschaftlich-politische DDR-Jargon dabei auch sprachbildend, doch die Dynamik einer zunehmend pluralen und global vernetzten Gesellschaft im Westen war viel stärker. Selbst Russizismen bleiben vergleichsweise selten. 1986 überholte die Mannheimer Dudenredaktion ihre Kolleginnen und Kollegen in der DDR mit einer 19. Auflage. Die Leipziger Neuauflagen enden 1985 mit der 18., in dem Jahr also, als in der UdSSR Towaristsch[L1951] – »Genosse, Genossin (in der Anrede)« – Mikhail Gorbatschow[1986] an die Macht kam. Und wie das SED-Regime nicht mehr zu Reformen fähig war, so sind auch die von Gorbatschow propagierten Schlagwörter Glasnost[1991] – »(polit.) Offenheit« – und Perestroika[1991] – »Umbildung, Neugestaltung (des sowjetischen politischen Systems, bes. im innen- und wirtschaftspolitischen Bereich)« – nicht im Leipziger Duden zu finden.

Genauso vermisst man in den letzten ostdeutschen Auflagen die ›Oblomowerei‹. Sie wanderte in das 1977 erschienene »Große Fremdwörterbuch« – vielleicht ein Hinweis auf die tatsächliche Gebrauchshäufigkeit des Ausdrucks. Noch heute findet sich die ›Oblomowerei‹, markiert als »bildungssprachlich veraltet«, im Onlineduden. »Die Oblomowerei! […] Was ist denn das?«

Wörter aus einem verschwundenen Land

im Ostduden	im West-/gemeinsamen Duden
Datsche[L1951] – Landhaus; Sommerwohnung, -frische	Datscha[1967] u. Datsche[1967] – russ. Holzhaus; Sommerhaus, Sommerwohnung

Kombine[L1951] – Maschine, die gleichzeitig mehrere sonst getrennte Arbeitsabläufe vornimmt, z. B. Getreide schneidet und drischt	Kombine[1973] – landwirtschaftl. Maschine, die verschiedene Arbeitsgänge gleichzeitig ausführt; Mähdrescher
Kaufhalle[L1976]	–
Plaste[L1976] – Sammelbez. für synthet. makromolekulare Werkstoffe	Plaste[1991] – regional für Plastik
Brigadetagebuch[L1985]	–
Delikatladen[L1985]	Delikatladen[1991] – Geschäft für hochwertige Lebens- u. Genußmittel in der ehemaligen DDR
Hühnergott[L1985] – Lochstein als Amulett	Hühnergott[2000] – regional für Lochstein (als Amulett)
Jugendklub[L1985]	Jugendklub[1991]
Solidaritätsbasar[L1985]	–
urst[L1985] – umg. großartig; sehr schön (scherzhafte Superlativbildung zu »ur…«)	urst[1991] – regional ugs. für großartig, sehr (schön)

Hitlerjungen, Halbstarke, Hippies, Hipster

»Yeah, Yeah, Yeah«: Jugendliche zwischen Krawall, Kommerz und Politik

Ein Schwimmbad in Berlin, Jungs lümmeln oder posieren herum, drücken sich ungebeten an Mädchen heran oder werfen sie unter Gekreische ins Wasser; man führt sich neueste technische Geräte vor.

»Hey, hier wird nicht geraucht, machen Se' sofort die Zigarette aus!«, ermahnt ein Bademeister.

»Raucht hier jemand?«, die Zigarette wird ins Wasser geschnippt.

»Hol'n Se' sofort den Stummel aus'm Wasser!«

»Na, Dickerchen, was gibt's?«

Noch mehr Jungs rotten sich zusammen, der Bademeister und ein Kollege werden zusammengeschlagen, die Jugendlichen hauen ab.

»Die haben doch sicher schon die Polizei alarmiert.«

»Na, wenn schon, Polizei [...]«

Eine gewohnte Szene aus den Berliner Bäderbetrieben, sollte man meinen. Doch diese eignet sich nicht für rassistische Kampagnen. Denn die Übeltäter heißen Freddy, Jan, Willi, Mario, Klaus. Außerdem ist da noch das »Goldstück« Sissy, »'ne Wolke, 'ne Atomwolke!«. Offenbar können selbst die gerade allseits befürchteten Folgen einer Atombombe[L1951/1954] die Halbstarken[1961] in dem gleichnamigen Film von 1956 nicht schrecken. Zwar wurden die Kinobesucherinnen und -besucher im Vorspann ermahnt, die Erlebnisse »einzelner Jugendlicher und ihres kriminellen Anführers, im Zwielicht von Erlebnisdrang und Verbrechen«, entsprächen »tatsächlichen Ereignissen der jüngsten Vergangenheit und sollen eine Warnung sein für alle jungen Menschen, die in Gefahr sind, auf Abwege zu geraten«. Doch ob die gewünschte Wirkung erreicht wurde, kann bezweifelt werden angesichts von Rock and Roll[1961/L1967]/Rock 'n' Roll[1961/L1967] (»stark synkopierter amerik. Tanz«) und Cool Jazz[1967] (»eine bestimmte Richtung im Jazz«), enger Blue jeans[1961], knapper Badehosen[1961] und ersten Bikinis[1961], Spaß in der Eisdiele[1961] und auf Partys[1961] (»geselliges Beisammensein, Gesellschaft [in einer Wohnung]«) oder fummeln[1929] (im Duden von 1961 mit der Erklärung: »ugs für: sich [unsachgemäß] an etwas zu schaffen machen; reibend, putzend«) am Petticoat[1961] (»versteifter Taillenunterrock«). »Die Halbstarken« wurde zum Kultfilm[1986], der Hauptdarsteller Horst Buchholz und seine Partnerin Karin Baal zu Teenager[1961]-Idolen.

Im Osten konterte man den enormen Publikumserfolg ein Jahr später mit »Berlin – Ecke Schönhauser…«: Das Problem mit den Halbstarken war grenzübergreifend, auch wenn sich das Lemma nicht im Leipziger Duden findet. Die Schuld lag für die volkseigene[L1951] DEFA[L1957] (»Deutsche Film-AG«) ohnehin am verderblichen Einfluss der westlichen Konsumgesellschaft[1973], die vor dem Mauerbau[2004] in Berlin immer nur ein paar Schritte entfernt lag.

Neben Berlin kam es gleich in mehreren westdeutschen Städten in den 50er-Jahren zu regelrechten Krawallen[1880]: Halbstarke, die – oft nach Kinovorführungen und Konzerten – Straßen blockierten, sich Schlägereien lieferten mit Polizisten und Polizeireviere angriffen; in München wurden sogar zwei »halbstarke« Jugendliche von der Polizei erschossen. Zum Jugendschutz[1934–1947/1961] forderte wie noch heute eine durch die Medien erregte Öffentlichkeit ein hartes Durchgreifen und eine strengere Kontrolle – vor allem des verderblichen Einflusses der Medien. Die Altersgruppen, für die etwa ein Film jugendfrei[1941/1961] oder jugendgefährdend[1961] sei, legte ab 1951/52 das danach immer wieder modifizierte »Gesetz zum Schutze der Jugend in der Öffentlichkeit« fest.

Zwei weitere typische Phänomene im Umgang von Medien, Öffentlichkeit und Politik mit aufmüpfigen[1973/L1985] jungen Menschen lassen sich damals wie heute beobachten: Erstens zeigte die Kriminalitätsstatistik der 50er-Jahre tatsächlich keine steigende Zahl von Delikten unter Jugendlichen, sondern es ging im Gegenteil weitaus friedlicher zu als in der Zeit direkt nach dem Weltkrieg, als Hunger und Verwahrlosung weitverbreitet waren. Und zweitens wurde bei den Straftaten ein Migrationszusammenhang herbeifantasiert, aber in Ermangelung anderer Migrationshintergründe[2009] wurden in den 50er-Jahren junge deutsche Heimatvertriebene[1961] aus den früheren Ostgebieten als Übeltäter ausgemacht.

Allerdings war eine Gesellschaft leicht zu provozieren, die sich im Naziregime[L1951/1973] zwölf Jahre lang an uniformierte und paradierende Pimpfe[1934], Hitlerjungen[1934] sowie Hitlermädel[1934] des BDM.[1934] gewöhnt hatte und nun zumindest im Ostteil wohlwollend auf die Jungen Pioniere[L1951/L1957] (»Angehörige[r] des Verbandes der Jungen Pioniere ›Ernst Thälmann‹«) und die FDJ[1947] (»Freie Deutsche Jugend«) im typischen Blauhemd[L1985] blickte. Die staatliche Jugendpolitik der DDR richtete sich besonders gegen kirchliche Einflüsse. In diesem Sinne wurde als Ersatz für christliche Feste wie Firmung[1880] und Konfirmation[1880] die Jugendweihe[L1967/1967] als festliches Übergangsritual in die Erwachsenenwelt etabliert und die Teilnahme praktisch erwartet – die kirchlichen Feiern wurden oft zusätzlich wahrgenommen.

Offenbar schon seit Langem störten sich die Deutschen an Eckenstehern[1902], die untätig irgendwo lungerten[1880] (im Duden von 1929 mit der Erklärung: »sich müßig herumtreiben, faulenzen«) – das später wohl unter dem Eindruck neuerster Umtriebe zum herumlungern[1961] eskaliert wurde. Weil sie in Gruppen herumgestanden hatten, prügelten 1957 Kölner Polizisten Jugendliche durch einen Spießrutenlauf[1915]. An den tagelangen ›Schwabinger Krawallen‹ 1962 in München, ausgelöst durch eine Beschwerde über eine Gruppe von Straßenmusikanten[1991], die noch nach 22 Uhr gespielt hatten, beteiligten sich am Ende Tausende Jugendliche. Die Polizei reagierte mit großer Gewalt, schickte Reiterstaffeln ins Gefecht und schlug selbst unbeteiligte Passantinnen und Passanten zusammen, was die Lage immer weiter anheizte. Am Ende beruhigte erst schlechtes Wetter die Gemüter.

Auf mehr Wohlwollen traf es zu allen Zeiten, wenn sich die Jugend[1880] zwischen Kindheit[1880], Pubertät[1880]/Flegeljahren[1915] und Adoleszenz[1915] nützlich und naturverbunden bei den Pfadfindern[1902] oder im Wandervogel[1915] betätigte, die beide in der Zwischenkriegszeit zu einer breiten, zum Teil konfessionell oder parteipolitisch eingefärbten Jugendbewegung[1929] gehörten, dann aber von den Nazis gleichgeschaltet[1934] wurden. Speziell auf heranwachsende Mädchen[1880] zielte um 1900 das Genre der Backfisch[1929]-Romane ab, die zwar Konflikte und Wünsche nachzeichnen, aber fast immer pädagogisch wertvoll mit der wahren Erfüllung einer jeden jungen Frau in der Ehe enden – ab der Dudenauflage von 1961 findet sich bei Backfisch die Angabe »auch: halbwüchsiges Mädchen«. Die Majorennität[1880]/Volljährigkeit[1915] erreichten die Westdeutschen bis 1974 wie noch im Kaiserreich mit 21 Jahren; in der DDR war man ab 1950 mit 18 Jahren majorenn[1880]/volljährig[1902], in der BRD seit 1975 – hier war offensichtlich Anfang des 20. Jahrhunderts die Eindeutschung[1915] juristischer Fachbegriffe erfolgreich, wie sie im Hinblick auf das einfachere Erlernen auch der Pädagoge Konrad Duden gefordert hatte.

Nach dem Krieg sahen es die Alliierten als notwendig an, das gegliederte Schulsystem[1967] in Deutschland, das in ihren Augen ein hierarchisches Obrigkeitsdenken[1980] und damit den

Aufstieg des Nazismus[L1951/1954] befördert hatte, durch eine Einheitsschule[1929–1934/2009] zu ersetzen, um eine grundlegende Demokratisierung zu erreichen. Dass sich in Westdeutschland nicht einmal die Siegermächte des Weltkriegs damit durchsetzen konnten, zeigt wie stark das Beharrungsvermögen[1961] der bürgerlichen Führungsschichten auf diesem Gebiet war und bis heute ist. Das Ziel, nach in der Regel vier Jahren Grundschule[1961] mit der Aufteilung in Gymnasium[1880], Realschule[1887], Volksschule[1915]/Hauptschule[1973] plus Sonderschule[1967] eine möglichst frühe soziale Selektion[1905] und Bildungsprivilegien[1980] aufrechtzuerhalten, wird bis heute erreicht, was zahllose Untersuchungen bestätigen, zum Beispiel ab den 2000er-Jahren die PISA-Studien[2004]. Im Osten hingegen wurde die zehnklassige allgemeinbildende polytechnische Oberschule[L1967] (POS) als Einheitsschule eingeführt. Nachdem fast alle Kinder in Krippen[1880] (1985 ergänzt der Leipziger Duden »auch kurz für Kinderkrippe«), Kindergärten[1905] und Kinderhorten[L1957] versorgt werden konnten – womit man eine im Gegensatz zu Westdeutschland hohe Erwerbsquote[2009] von Frauen ermöglichte –, sollte der polytechnische[1915] (»viele Künste u. Gewerbe umfassend«) Unterricht an den Schulen Jungen und Mädchen unterschiedslos mit der Welt der Werktätigen[L1951/1954], etwa durch Einsätze in lokalen Betrieben, bekannt machen. Kennzeichnend waren zudem militärische Elemente wie Wehrerziehung[L1976]/Wehrkunde[L1985]. Der Zugang zur weiterführenden erweiterten Oberschule[L1967] (EOS), zur Berufsausbildung oder zum Studium wurde vom Staat nach ideologischen Kriterien gesteuert und war damit praktisch ebenso wenig frei wie im Westen.

Anlass für Generationskonflikte[1973] waren immer wieder Musik- und Tanzstile mit der dazugehörigen Kleidung und Haarpracht. Nach Rock ’n’ Roll, Petticoat und Schmalztolle der Halbstarken erregten sich die Gemüter in Ost und West über die eher ungepflegten Gammlerinnen[1967] und Gammler[1967/L1967], »in der

Regel arbeitsscheue (bisweilen asoziale) Personen, bes. Jugendlicher, mit meist verwahrlostem Äußeren«, wie der Leipziger Duden erklärt. Im Film »Herbst der Gammler« erinnern sich 1966 Münchner Bürgerinnen und Bürger nostalgisch an das Dritte Reich[1934] ohne Gammler oder wünschen sich einen Hitler, aber nur »einen ganz kloanen«, der wieder Arbeitslager[1934] schafft.

Auch der von den Beatles[1967] popularisierte Pilzkopf[1967] verursachte größtes Ärgernis. Öffentliches gewaltsames Scheren von Haaren, mal mehr, mal weniger spontan, wurden in der FDJ-Zeitung »Junge Welt« und im SED-Blatt »Neues Deutschland« propagiert – und geriet so auch in den Blick des Westens. Der »Spiegel« spottete 1965: »Kein Pilzkopf in Ulbrichts Reich soll fortan ungeschoren bleiben.« Und im selben Jahr polterte der so zitierte SED-Generalsekretär: »Ist es denn wirklich so, dass wir jeden Dreck, der vom Westen kommt, kopieren müssen? Ich denke, Genossen, mit der Monotonie des Yeah, Yeah, Yeah und wie das alles heißt, ja, sollte man doch Schluss machen.« Beat[L1976] und Beatmusik[L1976] gelangten erst 1976, drei Jahre nach Ulbrichts Tod, in die 17. Auflage des Ostdudens.

Der Mannheimer Duden kommt auf den Beat[1967]

Beat[1967]	im Jazz: Schlagrhythmus; betonter Taktteil; die so geartete Musik
Beat-generation[1967]	Bez. für eine Gruppe junger Menschen in den USA (um 1955), die die Gesellschaft mit allen bürgerl. Bindungen ablehnte u. durch gesteigerte Lebensintensität (Sexualität, Jazz, Drogen u. ä.) zur Erkenntnis einer metaphys. Wirklichkeit zu gelangen suchte

Beatle[1967]	Name der Mitglieder einer Liverpooler Musikgruppe; allg. für: Jugendlicher mit einer diese Gruppe kennzeichnenden Frisur
Beatnik[1967]	Vertreter der Beat generation (vgl. d.)

Selbst der Twist[1967/L1967], bei dem sich das Tanzpaar nicht einmal berührt, stieß in beiden Teilen Deutschlands auf Widerstand, weil er – abgesehen vom anstößigen Schwingen der Hüfte – Mädchen und Frauen erlaubte, ohne männliche Führung zu tanzen, bemängelte unter anderem die »FAZ« 1961. Und wie ein Polizist in Leipzig berichtete, waren noch weitaus schlimmere Dinge möglich: »Obwohl genügend weibliche Personen vorhanden sind, tanzen auch laufend männliche Jugendliche zusammen.«

Die DDR erließ 1968 eigens ein Gesetz zum jugendlichen Rowdytum[L1957], das sich gegen die »Mißachtung der öffentlichen Ordnung oder der Regeln des sozialistischen Gemeinschaftslebens« aus Gruppen heraus richtete – was den Vergehen sogleich eine gesellschaftspolitische, staatsgefährdende Dimension beimaß. Der englische Rowdy[1887] (»gewaltthätiger Mensch«) trat schon in den frühen Dudenauflagen zum französisch-verfeinerten Roué[1880] (»Wüstling mit gewandten Umgangsformen«, wie es bei der Letztaufnahme des Begriffs im Leipziger Duden von 1957 heißt).

Wer sich nicht in das sozialistische Idealbild einfügen konnte oder wollte, wurde in Jugendwerkhöfe[1957] (»Heim für schwererziehbare Jugendliche«) gesperrt und erlebte in vielen Fällen Demütigung, Gewalt und Missbrauch. Genauso erging es Jugendlichen im Westen, die als schwererziehbar[1954] galten. Schon 1970 machte das Fernsehspiel »Bambule[1980]« (»Krawall protestierender Häftlinge od. Heiminsassen«), für das die renommierte Journalistin und spätere RAF[1980]-Terroristin[1986] Ulrike Meinhof das Drehbuch verfasst hatte, auf die autoritären[1934] Zustände in der Fürsorgeerziehung[1929]/Jugendfürsorge[1929] aufmerksam. In die gleiche Richtung weisen die in den letzten Jahren ans Licht gekommenen Skandale etwa um den sexuellen Missbrauch von Heimkindern[2013].

In Folge der Achtundsechziger[1996]-Bewegung betonten antiautoritäre[1973] Erziehung und Reformpädagogik[1991] die Eigenständigkeit[1967] und Kreativität[1973] von Kindern und Jugendlichen sowie ihr Recht auf körperliche und seelische Unversehrtheit. Die Wogen zwischen den Generationen ließen sich damit jedoch nicht auf Dauer glätten. In der Jugend- und Protestkultur folgten den Halbstarken, Beatles, Gammlerinnen und Gammlern unter anderem:

> Rocker[1973] – »Angehöriger jugendlicher Banden (mit Lederkleidung u. Motorrad als Statussymbolen)«
> kiffende[1973] Hippies[1973] – »Jugendlicher, der sich zu einer antibürgerlichen, pazifistischen Lebensform bekennt; Anhänger einer urspr. von Amerika u. England ausgehenden Bewegung; Blumenkind«
> Punk[1980] – »bewußt primitiv-exaltierte Rockmusik; Anhänger dieser Musik und der von ihr ausgedrückten Lebenshaltung« – beziehungsweise Punker[1986] – »Jugendlicher, der durch exaltiertes, oft rüdes Verhalten und auffallende Aufmachung (z. B. grell gefärbte Haare) seine antibürgerliche Einstellung ausdrückt«
> Popper[1986] – »Jugendlicher mit gepflegtem Äußeren und modischer Kleidung«
> Skinhead[1986] – »(zur Gewalttätigkeit neigender) Jugendlicher mit kahlgeschorenem Kopf«
> Null-Bock-Generation[1986] – »Generation ohne (soziales) Engagement«

Turnschuhgeneration[1986] – »Generation von Jugendlichen, die lässige Kleidung bevorzugt«

Generation X[1996] – »durch Orientierungslosigkeit, mangelnde Zukunftsaussichten u. a. charakterisierte Gruppe der 20- bis 30-Jährigen«

Generation Golf[2004] – »Altersgruppe der etwa 1965 bis 1975 geborenen Westdeutschen, deren Lebensgefühl durch eine egoistische Grundhaltung und eine weitgehende Entpolitisierung geprägt ist«

Hipster[2013] – »jemand, der über alles, was modern ist, Bescheid weiß«

Emo[2020] – »(engl. kurz für ›Emotional hardcore‹) Jugendbewegung u. Musikrichtung«

Dass Entwicklungen der Jugendkultur in den Leipziger Duden verspätet und dann in der Regel gar nicht mehr auftauchen, entspricht der allgemeinen Stagnation der Stichwortzahlen in den ostdeutschen Ausgaben. Vor allem ab den 1970er-Jahren geht die Schere auseinander zwischen gut 75.000 im Osten und über 100.000 Stichworten mit rasch steigender Tendenz im Westen. Hierzu trug auch die Aufnahme von Begriffen aus der Jugendsprache[2013] und allgemeinen Umgangssprache[1915] bei. Im Westen wirkten diese Bereiche stärker sprachbildend, nicht zuletzt durch ihre Vermarktung[1973] im Zeichen des Jugendwahns[2004], während im Osten andere, traditionellere gesellschaftliche Leitbilder[1961/L1985] zumindest offiziell bewahrt wurden. Zu den wenigen Ausnahmen gehörten Disko[1980/L1985], Jugendklub[L1985/1991] und urst[L1985/1991] – »umg.; großartig; sehr schön (scherzhafte Superlativbildung zu ›ur…‹)« –, die beide bis heute im Duden zu finden sind.

Besser streiten mit dem Duden

Schimpfwörter aus 144 Jahren

1880	Duckmäuser
	Luder
1887	Rowdy
1902	Abschaum
	Lückenbüßer
	Maulaffe
1905	Eigenbrötler
1915	Nichtstuer
1929	Hallodri
	Schlaks
1934	Kanonenfutter
1941	Lusche
1957	Rabauke
1961	Angsthase
	Flittchen
	Halbstarke
1973	Arschloch
	Arschkriecher
	Fotze
	Hurensohn
	Piefke
1980	Chauvi
	Jeck
	Junkie
	Korinthenkacker
	Lackaffe
1986	Emanze
1991	Wendehals
2000	Gutmensch
	Warmduscher
	Weichei
2004	Berufsjugendliche
	Blindfisch
	Boxenluder
	Dampfplauderer
	Muggel
	Nerd
	Partyluder
	Rumpelfüßler
	Saftschubse
2009	Angsthäsin
	Löli
	Phrasenschwein
2013	Rabaukin
	Shopaholic
	Vollpfosten
2017	Honk
	Flitzpiepe
2020	Kopftuchmädchen

Vom Waldsterben zum Waldbaden

Natur, Klima und Umwelt im Duden

Dichte Nebelschwaden hängen in den Straßen, Menschen brechen zusammen, ringen um Luft, das Atmen fällt schwer, die Haut brennt, eine Straßenbahn wird erstürmt, wer im Gewühl fällt, bleibt unbeachtet liegen, wer kann, verlässt die Stadt, überfüllte Sonderzüge fahren ins Land, Autofahrer ersticken in ihren Wagen, Massenkarambolagen auf den Autobahnen, volle Krankenhäuser, Betten auf den Fluren, Hilfesuchende werden abgewiesen, immer mehr Tote, die Bundeswehr soll eingreifen: Ausnahmezustand in Nordrhein-Westfalen, »Smog«! In seinem Spielfilm von 1973 im Stil einer Dokumentation zeichnet Wolfgang Petersen, der einige Jahre später mit »Das Boot« einen Welterfolg landete und dann nach Hollywood[1934] (»nordamerik. Filmstadt«) wechselte, ein buchstäblich düsteres Bild von der Luftverschmutzung[1967] im Ruhrgebiet[1929] und der Komplizenschaft zwischen Politik und Wirtschaft. Alles raucht: die Schlote der gewaltigen Fabrikanlagen, der Auspuff der Limousine, die der Werksdirektor morgens vom Chauffeur stundenlang vorlaufen lässt, um auf dem Weg zur Arbeit im Warmen zu sitzen, das kettenrauchende, aalglatte Fräulein von Schulz aus der Public Relations[1961]-Abteilung, die die Presse beschwichtigen soll, und nicht zuletzt die Köpfe in den Krisenstäben. Unterdessen sucht Elvira Rykalla verzweifelt nach Hilfe für ihre kleine Marlies, die nicht aufhören will zu weinen – Marie-Luise Marjan, die spätere »Mutter Beimer« aus der ab 1985 ausgestrahlten Seifenoper[1986] »Lindenstraße«, in einer ihrer ersten Film- und Mutterrollen. Die Ärzte wimmeln sie ab, später diagnostiziert ein zackiger Oberstabsarzt die Kinderkrankheit Krupp[1934], aber den Smog will er nicht eindeutig als Ursache benennen. Nach ein paar Tagen lichtet sich der Nebel wieder, die

Inversionswetterlage[2006] ist vorüber und der aufkommende Wind bläst die giftigen Dämpfe davon – alles kann weitergehen wie bisher. Familie Rykalla allerdings steht fassungslos an einem kleinen Bettchen, eine Krankenschwester legt ein Tuch über das tote Baby: bald nur eine weitere Todesanzeige, von denen die Zeitungen wegen der hohen Übersterblichkeit[1929] nun voll sind.

Der Duden verweist die Zusammensetzung Smog[1961] aus englisch *smoke*, ›Rauch‹, und *fog*, ›Nebel‹, zunächst noch in ihr Ursprungsland: »dicker, undurchdringlicher Nebelrauch über (engl.) Industriestädten«. Aber die Zustände hierzulande waren nicht besser, und bereits in der folgenden 16. Auflage von 1967 fehlt die Klammer. Schon bei der Bundestagswahl 1961 versuchte sich SPD[1929]-Spitzenkandidat[1973] Willy Brandt[2017] als künftiger ›Umweltkanzler‹ zu profilieren und forderte: »Der Himmel über dem Ruhrgebiet muß wieder blau werden!« Dafür stockte man zum Beispiel im Zuge der ›Hochschornsteinpolitik‹ die Industrieschlote auf, damit sich die giftigen Dämpfe in weiteren Regionen verteilen konnten – ein buchstäblich herausragendes Beispiel für Kirchturmpolitik[1915]. Brandt verfehlte letztlich den Sieg und musste noch einige Jahre warten, bevor er 1974 als Regierungschef einer sozialliberalen[1973] Koalition ein Bundesgesetz zum Immissionsschutz[1986] auf den Weg bringen konnte; im selben Jahr entstand auch das Umweltbundesamt[2009] – Naturschutz[1961] und Umweltschutz[1973/L1976] waren von einem konservativen Thema mit zuweilen nationalistischem ›Blut-und-Boden‹-Beigeschmack zu einem Anliegen des eher linken politischen Spektrums geworden.

Gleichzeitig hatten unter anderem der Bericht »Die Grenzen des Wachstums« des *Club of Rome* von 1972 sowie die erste weltweite Ölkrise[1980] ab 1973 mit Fahrverboten[1986] an autofreien Sonntagen[1986] die Endlichkeit der natürlichen Ressourcen ins Bewusstsein gebracht. Hinzu kamen Umweltkatastrophen wie 1976 der skandalöse Chemieunfall im norditalienischen Seveso, bei dem hochgiftiges Dioxin[1986] freigesetzt wurde, oder die Ölpest[1967] vor der Küste der Bretagne 1978, nachdem der amerikanische Öltanker »Amoco Cadiz« auf einen Felsen aufgelaufen und auseinandergebrochen war. Fortschrittsskepsis und Krisenstimmung machten sich breit, zumal infolge der Ölkrisen – die zweite folgte 1979/80 – der seit Ende des Zweiten Weltkriegs anhaltende Wirtschaftsboom zum Erliegen kam und die Arbeitslosenzahlen stiegen.

Politik und Öffentlichkeit waren also schon einigermaßen sensibilisiert, als ab 1981 in den Medien alarmierende Berichte über ein flächendeckendes Waldsterben[L1985/1986] erschienen – das als Lemma sofort in den nächsten Dudenauflagen in Ost und West aufgenommen wurde. Den Anfang machte das Nachrichtenmagazin »Der Spiegel« mit der Titelgeschichte »Der Wald stirbt – Saurer Regen über Deutschland«. In den nächsten Jahren überschlug sich die Presse mit Katastrophenmeldungen. Gab etwa der »Spiegel« 1983 dem Wald noch fünf Jahre, so senkte der »Stern« die Hoffnung auf drei Jahre hinab. Allerspätestens zum prägnanten Zeitenwendedatum 2000 sollte Deutschland nur noch eine kahle Steppe sein. Was dem Land bevorstand, zeigte 1989 die Sciencefiction[1967]-Doku »Kahlschlag – Der Waldreport 2010« mit neuester Videotechnik[1986] und Computeranimation[1996]: eine dystopische Zukunftsvision für Harz[1887], Schwarzwald[1915] und andere Waldregionen.

Schuld am Waldsterben, da waren sich die Medien einig, sei der saure Regen[1986], ausgelöst vor allem durch Schwefeldioxid[1986] und Stickoxid[1986], die die ›Hochschornsteinpolitik‹ selbst in industrieferne Waldgegenden pustete. Vor Ort, in den Städten, zerfraß er historische Bausubstanz und löste Nylonstrümpfe[1954] an Frauenbeinen auf. Die geschwächten Bäume fielen schließlich dem Borkenkäfer[1915] zum Opfer: »Sexualtrieb verführt den Buchdrucker« vermeldet die »Frankfurter Rundschau« 1984 zu einer

Fangaktion mit künstlich hergestellten Sexualduftstoffen, bei der über 100 Millionen Tiere einer Unterfamilie des Schädlings[1887] in die Falle gingen.

Doch es kam noch schlimmer: Wie schon im Film »Smog« schienen immer mehr Säuglinge und Kleinkinder an Atemnot und Atemwegserkrankungen zu leiden, und die Diagnose Pseudokrupp[1986] versetzte Eltern in Angst und Schrecken. »Nach dem Waldsterben Gefahr für die Menschen – 4 Babys plötzlich gestorben«, ist ebenfalls 1984 in der »Bild« zu lesen. Der vom 1975 gegründeten BUND[1991] (»Bund für Umwelt und Naturschutz Deutschland«) herausgegebene Slogan »Wenn der Wald stirbt, stirbt der Mensch« schien sich grausam zu bewahrheiten.

So durchlebte das Schlagwort vom Waldsterben bis Ende der 1980er-Jahre eine steile und auflagenfördernde Medienkarriere, denn mit dem Wald war ein Sehnsuchtsort und zentrales Motiv des deutschen Identitätsgefühls berührt, was viele poetische Schlagzeilen inspirierte, etwa in der »Zeit« zu Weihnachten 1981: »Oh, Tannenbaum, wo sind deine Blätter?« Bald trieb es Jung und Alt, Kirchenleute, Gewerkschaften und Heimatvereine, adelige Waldbesitzerinnen und -besitzer ebenso wie Aktivistinnen und Aktivisten aus dem urbanen linken Milieu gemeinsam auf die Straße. Und mit speziellem Fokus auf die deutsche Waldproblematik riefen Mitglieder der 1971 gegründeten internationalen NGO[2000] (»Nichtregierungsorganisation«) Greenpeace[1986] im Jahr 1982 die Aktionsgemeinschaft ›Robin Wood‹ ins Leben.

Der allgemeinen Stimmung konnten und wollten sich selbst konservative Politikerinnen und Politiker nicht entziehen. Helmut Kohl[2017] etwa, Bundeskanzler der CDU[1947] ab 1982, beschwor den französischen Staatspräsidenten Mitterand[2009], gemeinsam etwas gegen *le Waldsterben* zu unternehmen – wie man in Frankreich die panischen Untergangsszenarien der sonst so technokratischen Deutschen amüsiert-verwundert und unübersetzbar nannte. Dort baute man ohnehin ganz auf die vermeintlich umweltfreundliche Atomenergie[1954/L1957]. Und auch der künftige Dauerbrenner[1961] deutscher Umweltdebatten durfte in der politischen Auseinandersetzung nicht fehlen: »Tempolimit – ja oder nein? ›Glaubenskrieg‹ in Bonn« ist 1984 im »Wiesbadener Kurier« zu lesen – da ist das Tempolimit[1980] schon in der zeitgenössischen 18. Dudenauflage zu finden.

Zu den letztlich durchgesetzten Maßnahmen gehörten die Umrüstung von Fabriken und Kraftwerken mit Filteranlagen, die noch auf der Gesetzgebung der 70er-Jahre beruhte, die noch heute jährlich erfassten Waldschadensberichte beziehungsweise Waldzustandsberichte, im Jahr 1984 die Einführung bleifreien Benzins[1986] und das Verbot des verbleiten Benzins[1880] bis 1987/88, im Jahr 1985 die Festlegung von Abgasnormen auf Ebene der EWG[1967]/Europäischen Wirtschaftsgemeinschaft[1967] im Verein mit der ASU[1986]/Abgassonderuntersuchung[1986], später AU[1996]/Abgasuntersuchung[1996] genannt, sowie die stufenweise Einführung der Kat[1986]-Pflicht zum Einbau eines Katalysators[1929] in PKW.[1941] – unter großem Gejammer der Autoindustrie, die aber für den Export nach Japan und die USA, wo strengere Gesetze galten, Katalysatoren längst verwendete. Der Abgasskandal[2020] der 2010er-Jahre lag noch in weiter Ferne …

Mit den 1980 gegründeten Grünen[1986], denen 1983 der Einzug in den Bundestag gelang, bekamen ökologische[1973] Anliegen erstmals eine eigene Stimme im deutschen parlamentarischen System. Die neue Partei verband die Forderung nach einem konsequenten Umwelt- und Naturschutz mit Anliegen der Frauenbewegung[1929], der Anti-Atomkraft- und Friedensbewegung[1986] sowie einer Vielzahl anderer Protestgruppen und Initiativen, die sich im Gefolge und weiten Umfeld der APO[1973] (»außerparlamentarische Opposition«) und Studentenbewegung[1986] der Achtundsechziger[1996] gebildet hatten. Sie werden in Abgrenzung etwa zur historischen Arbeiterbewegung[L1967/1980] als ›Neue Soziale Bewegungen‹ zusammengefasst. Auch in der DDR, trotz der Repressionen des SED-Regimes, war die Sorge um Natur und Umwelt eine wichtige Triebfeder zum Zusammenschluss von Bürgerrechtlern[1980] und Bürgerrechtlerinnen[2004], denen oft Kirchen einen Ort für ihren Protest boten. Ein zentraler Anlaufpunkt war zum Beispiel ab 1986 die ›Umwelt-Bibliothek‹, die in Gemeinderäumen der Ostberliner Zionskirche Platz gefunden hatte.

Durch die katastrophale Explosion im Atomkraftwerk[1961/L1976]/AKW[1991] von Tschernobyl[1996] in der heutigen Ukraine im April 1986, ein GAU[1980] (»größter anzunehmender Unfall«) beziehungsweise Super-GAU[1991] (»allergrößter GAU«), in dessen Folge sich Radioaktivität[1915] über weite Teile Europas verbreitete, erhielten die Anti-AKW-Demonstrationen[1991] in Deutschland großen Zulauf. Unmittelbare Konsequenz war noch im Juni 1986 die Gründung des ›Bundesministeriums für Umwelt, Naturschutz und Reaktorsicherheit‹ – kurz Bundesumweltministerium[2009].

Ende der 1980er-Jahre beruhigte sich die hochemotionale Debatte um das vermeintliche Waldsterben in Deutschland, selbst wenn der »Stern« noch 1994 mit dem »Todeskampf der Bäume« titelte. Stattdessen verlagerte sich der Fokus nun auch international auf die Gefährdung des tropischen Regenwalds[1986]. Dass Deutschland offenbar nicht seit der Jahrtausendwende völlig entwaldet ist, wird entweder auf eine erfolgreiche Umweltpolitik[1991] zurückgeführt oder gilt besonders unter Klimawandelleugnern[2020] als gern herangezogener Beleg für unwissenschaftlichen Alarmismus. Rauchschäden durch Erzgewinnung waren bereits in der Antike bekannt. Lokale Waldschäden wurden im Zuge der Industrialisierung[1934] immer häufiger beobachtet; als Ursachen vermutete man schon in der ersten Hälfte des 20. Jahrhunderts Luftverschmutzung und versauerte Böden. Als Problem gelten heute vor allem Monokulturen[1941] aus standortfremden Nadelholz[1934]-Forsten, die den Wald und sein Ökosystem[L1985/1986] anfällig machen für Schädigungen aller Art. In der Forstwirtschaft[1880] findet ein Umdenken statt, das auf die Rückkehr naturnaher[1991] Laubwälder[1961] und Mischwälder[1961] abzielt. Kleine Waldgebiete werden mittlerweile im Sinne einer Renaturierung[1986] einer gänzlich natürlichen Entwicklung zur Selbstregeneration überlassen. Und gegen die Feinstaubbelastung[2006] in den Städten, das gegenwärtig wohl größte Thema im Kontext der Luftverschmutzung, werden Umweltzonen[2009] eingerichtet. Weitere Schritte, auch im Hinblick auf eine erfolgreiche Verkehrswende[2020], sind ein genereller Rückgang des Individualverkehrs[2004] und die Abkehr von Verbrennungsmotoren[1961] – von Freundinnen und Freunden technologieoffener[2020] ›Lösungen‹ liebevoll ›Verbrenner‹ genannt – zugunsten der Elektromobilität[2013].

Während das sogenannte Waldsterben der 1980er-Jahre heute in erster Linie als Medienhype[2017] gesehen und untersucht wird, dem im Wesentlichen die Forschungsmeinungen gerade einmal zweier deutscher Wissenschaftler zugrunde lagen, beruht die aktuelle Sorge um den menschengemachten[2009] Klimawandel[2004] auf einem breiten wissenschaftlichen Konsens und ist als grenzübergreifende Problemstellung frei von spezifisch deutschen Befindlichkeiten. Das Gleiche gilt für den Treibhauseffekt[1973], die Zerstörung der Ozonschicht[1991], das allmähliche Verbot von FCKW[1991] sowie aktuell die angestrebte CO2-Reduktion[2024]. Umso merkwürdiger scheint es, dass zum Beispiel die Proteste von Fridays for Future[2020], Klimakleberinnen[2024] und Klimaklebern[2024] sowie anderer engagierter Klimaschützerinnen[2020] und Klimaschützern[2020] anders als die frühere Erregung über das Waldsterben auf so viel Ablehnung stoßen. SUVs[2004], Fernreisen[2004] und Fleischkonsum[2013] als Klimakiller[2009] scheinen schwerer verzichtbar als künftiges Waldbaden[2020] – von japanisch *shinrin yoku*, »sich bewusst entspannend, meditierend im Wald aufhalten«, wie der Duden übersetzt. Immerhin gerät nach Tierquälerei[1915] und Tierversuchen[1961] als positives Signal – wenn auch noch nicht vom Duden berücksichtigt – der Tierschutz[1915] bei *Let's Plays* und Livestreaming[online] in den Blick: »Du Monster, warum *gronkhst* du die Katze, Alter?«

Von ADAC bis Zeppelin

Unterwegs mit dem Duden

1880 Chaise
Draisine
Fähre
Fußgänger
Kabriolett
Omnibus
Pferd
pilgern
Tramway
Velociped
wallfahren
wandern

1887 Bicycle
treideln

1902 Automobil
Fahrrad
Ski

1905 Lift

1915 Flugzeug
Kajak
Luxuszug
Motorrad
Rollstuhl
Straßenbahn

1929 Rikscha
Taxi
U-Boot
Zeppelin

1934 Rolltreppe

1941 Hubschrauber
NSKK.
Volkswagen

1954 ADAC
Motorroller
trampen

1961 Caravan
Pendler
Raumfahrt

1967 Oldtimer

1973 Autoskooter
Käfer
Kreuzfahrt
Rush-hour
UFO

1980 Interrailkarte
Jogging
Kettcar
Stau

1986 Hundeschlitten

1991 Fahrgemeinschaft
ICE
Trabbi

1996	ADFC		SUV
	ÖPNV	2006	Navi
2000	Carsharing	2009	Hybridauto
	Hochgeschwindigkeitszug		Minivan
		2013	E-Bike
2004	Liegerad		Segway
	Rollator	2020	E-Scooter, E-Roller
	Stretchlimousine		Lastenrad

APO, Antibabypille und Abtreibungsparagraph

Westdeutschland zwischen Liberalisierung und Konservatismus

Appell
Jährlich treiben in der Bundesrepublik rund 1 Million Frauen ab. Hunderte sterben, zehntausende bleiben krank und steril, weil der Eingriff von Laien vorgenommen wird. Von Fachärzten gemacht, ist die Schwangerschaftsunterbrechung ein einfacher Eingriff. | Frauen mit Geld können gefahrlos im In- und Ausland abtreiben. Frauen ohne Geld zwingt der Paragraph 218 auf die Küchentische der Kurpfuscher. Er stempelt sie zu Verbrecherinnen und droht ihnen mit Gefängnis bis zu 5 Jahren. | Trotzdem treiben Millionen Frauen ab – unter erniedrigenden und lebensgefährlichen Umständen. Ich gehöre dazu. – Ich habe abgetrieben. | Ich bin gegen den Paragraphen 218 und für Wunschkinder. Wir Frauen wollen keine Almosen vom Gesetzgeber und keine Reform auf Raten. | Wir fordern die ersatzlose Streichung des Paragraphen 218! Wir fordern umfassende sexuelle Aufklärung für alle und freien Zugang zu Verhütungsmitteln! Wir fordern das Recht auf die von Krankenkassen getragene Schwangerschaftsunterbrechung!

Eine Studentin hält den unterschriebenen Vordruck in die Kamera, mit dem sie sich eines Schwangerschaftsabbruchs[1973] nach Strafgesetzbuch[1915]/StGB.[1915] Paragraf 218 selbst bezichtigt. Sie gehört zu den 374 Frauen, die im Juni 1971 an einer Kampagne der Feministin[1980] Alice Schwarzer im »Stern« teilnehmen. »Wir haben abgetrieben!« – so lautet auch der Titel der Ausgabe. Zu sehen sind die Fotos einiger der Frauen, darunter die Schauspielerinnen Senta Berger und Romy Schneider sowie das Supermodel[2004]

Veruschka von Lehndorff. Die kachelförmige Anordnung erinnert an die später allgegenwärtigen Fahndungslisten[1973], mit denen nach den Terroristinnen[1986] und Terroristen[1880] der Roten-Armee-Fraktion[1980]/RAF[1980] gesucht wurde. Die Idee stammte aus Frankreich, wo sich im April des Jahres unter anderem die Philosophin und Feministin Simone de Beauvoir[1986], die auch den vorbildhaften Appell verfasst hatte, die Autorinnen Marguerite Duras und Françoise Sagan, die Regisseurin Agnès Varda sowie die Schauspielerinnen Catherine Deneuve und Jeanne Moreau an der Aktion beteiligt hatten. Ziel war es in beiden Ländern, die Justiz, die die ihr so zur Kenntnis gebrachten Gesetzesbrüche zu verfolgen hatte, durch massenhafte Geständnisse lahm zu legen.

In Deutschland ist die Debatte um den Abtreibungsparagraphen[1973] so alt wie der Gesetzestext selbst, der 1871/72 in das ›Strafgesetzbuch für das Deutsche Reich‹ Eingang gefunden hatte. Besonders in der vergleichsweisen liberalen Atmosphäre der Weimarer Republik forderten Frauenrechtlerinnen[1915] und Frauenrechtler[1915–1934], Sexualreformerinnen und -reformer sowie Parteien des linken Spektrums Abmilderung oder ersatzlose Streichung der Paragrafen. Die Nazis nahmen 1933 alle bis dahin erzielte Reformen zurück, da sie die deutsche Volksgemeinschaft[1934] gerne vermehrt sehen wollten – natürlich nur um erbgesunden[1934], arischen[1934] Nachwuchs, weshalb sie für alle anderen zu erwartenden Fälle per Gesetz die Sterilisationen[1902] vorschrieben.

Eine neue frauenrechtlerische[1941] Dynamik erhielten die Auseinandersetzungen um Schwangerschaftsabbrüche in der Bundesrepublik in den späten 1960er-Jahren, als im Gefolge der Studentenbewegung[1986] der Achtundsechziger[1996] ein tiefgreifender Wertewandel[2000] begann. Eine neue Generation von Studierenden protestierte nicht nur für eine Reform der verkrusteten Zustände an den Universitäten und eine Aufarbeitung[1967] der NS-Vergangenheit – »Unter den Talaren | Muff von 1000 Jahren« war

1967 auf einem später ikonischen Transparent an der Uni Hamburg als Anspielung auf das ›Tausendjährige Reich‹ der Nazis zu lesen. Nach dem wirtschaftlichen Boom[1941] der 1950er-Jahre – in Westdeutschland als Wirtschaftswunder[1961] verklärt – waren in den westlichen Industrienationen die Grundbedürfnisse breiter Bevölkerungsschichten weitgehend abgesichert. Nun richteten sich die Blicke zunehmend auf postmaterielle Werte: individuelle Freiheit, Selbstverwirklichung[1973], Lebensqualität[1980], Umweltschutz[1973/L1976], Abkehr von den alten Geschlechterrollen[1980] und Wandel der Familienmodelle.

Im Vergleich dazu galt die Bundesrepublik der Adenauer[1961]-Zeit als moralinsauer[1941] und geprägt von Spießigkeit[1973]. Doch die Dinge gerieten in Bewegung. Der Einfluss der Kirchen ging langsam zurück, und die Bindungskraft traditioneller Milieus[1897] ließ nach. Zum Beispiel verwischten durch die Ansiedlung der Millionen Vertriebenen[1954] aus den früheren deutschen Ostgebieten in ganz Deutschland die konfessionellen Grenzen. In den aufstrebenden Industrie- und Dienstleistungssektoren[2000] boten sich neue Berufschancen, das über Jahrhunderte bewahrte Landleben kam an sein Ende. Die Einführung der Antibabypille[1973/L1976] zur Empfängnisverhütung[1973/L1985] ab 1961 revolutionierte die Einstellung zur Sexualität[1915] – auch wenn die sogenannte Pille[1880] (»kurz für: Antibabypille«/»umg. kurz Pille«, wie die 18. Dudenauflagen in West und Ost ergänzen) in den ersten Jahren zunächst nur sehr restriktiv verschrieben wurde: Der Contergan-Skandal 1961/62 um ein Beruhigungsmittel, das schwere Schäden an Föten[1880] verursachen konnte, hatte die Ärzteschaft misstrauisch gemacht. Hinzu kamen oft immer noch moralische Bedenken. So hatte der Rückgang der Geburtenraten[2004] nach 1965, der Pillenknick[1980] (»ugs. für Geburtenrückgang durch Verbreitung der Antibabypille«), vermutlich eine ganze Reihe weiterer Ursachen. Doch der demographische[1967] Wandel setzte unaufhaltsam ein.

Die internationalen Proteste gegen den Vietnamkrieg[1986] und die Solidarisierung[1973] mit den Befreiungsbewegungen[1980] in den Ländern der dritten Welt[1973] – »die Entwicklungsländer«, heute eher als ›globaler[1954] Süden‹ bezeichnet – politisierten die Studentenschaft ebenso wie die Kundschaft der Dritte-Welt-Läden[1986] – »Laden, in dem Erzeugnisse der Entwicklungsländer (zu deren Unterstützung) verkauft werden«. Doch in der westdeutschen Parteienlandschaft hatten dezidiert linke Positionen, die sich gegen Kapitalismus und Imperialismus richteten, keinen Platz: Die KPD[1929] war 1956 verboten worden, die SPD[1929] hatte sich 1959 – um in der Frontstellung und Abgrenzung zur DDR als Volkspartei[2004] wählbar zu sein – in ihrem Godesberger Programm vom Sozialismus verabschiedet, und die DKP[1973] wurde erst 1968 gegründet. So bildete sich die APO[1973] (»außerparlamentarische Opposition«) heraus, die die politische Auseinandersetzung in die Straßen trug. Junge Menschen experimentierten in Kommunen[1973] (»Wohngemeinschaft linksgerichteter junger Leute«) oder weniger politisch in schlichten Wohngemeinschaften[1980]/WGs[1986] mit neuen Formen des Zusammenlebens, unter Umständen auch als Hausbesetzer[1980] und Hausbesetzerinnen[1991]. Und mit Recht analysierte der Filmemacher Rosa von Praunheim 1971 im Auftrag des WDR[1967]: »Nicht der Homosexuelle ist pervers, sondern die Situation, in der er lebt« – ein Wendepunkt für die westdeutsche Schwulen[1967]- und Lesben[1980]-Bewegung. Der von den Nazis verschärfte Paragraf 175 zur Verfolgung schwuler[1967/L1976] Männer wurde 1969 beziehungsweise 1973 zumindest abgemildert; die Aufhebung erfolgte erst 1994 – in der DDR war er bereits 1968 gestrichen worden. Neue Protest- und Organisationsformen[1973] wie Sit-in[1973], Teach-in[1973] und Stadtguerilla[1973] aber vor allem die Selbstorganisation etwa in Bürgerinitiativen[1973] oder Geschichtswerkstätten und insgesamt die Ausbildung einer starken, kritischen Zivilgesellschaft[2009] jenseits der überkommenen

Parteistrukturen gehören zum dauerhaften Vermächtnis der bundesdeutschen Studentenbewegung.

Hieraus schöpfte auch eine ›Neue Frauenbewegung[1929]‹, die nicht zuletzt die Selbstbestimmung[1961] von Frauen über ihre eigenen Körper verlangte – unabhängig von Gynäkologen, Theologen und Juristen: »Mein Bauch gehört mir«, zitiert Alice Schwarzer den bekannten Slogan[1941]. Ihr Artikel kritisiert zudem die sozialpolitischen und rechtlichen Rahmenbedingungen der Bundesrepublik. Diese waren allein auf das Modell des Alleinverdieners[1986] zugeschnitten, in dem die ganze Care-Arbeit[2024] Hausfrauen[1915] aufgelastet wurde – ein vermeintlich traditionelles Familienideal, das so aber immer nur ein kleiner, wohlhabender Teil des Bürgertums[1934] tatsächlich verwirklichen konnte. Dabei sollten Ehefrauen in Westdeutschland bis 1976 laut Bürgerliches Gesetzbuch[1915]/BGB.[1915] überhaupt nur berufstätig sein, »soweit dies mit ihren Pflichten in Ehe und Familie vereinbar ist«, und benötigten quasi die Zustimmung ihrer Ehemänner:

> »Eine Frau, die Mutter wird, wird in dieser Gesellschaft zur Sklavin. Ich habe das selbst miterlebt. Denn der Staat zwingt einen zwar, das Kind zu kriegen, aber danach kümmert er sich den Teufel drum. Krippenplätze gibt es überhaupt nicht. Und im Kindergarten muß man sich jahrelang vorher anmelden« (Edda Albrecht-Wagner, 27 Jahre alt, ein Kind).

Auf der anderen Seite drohte das düstere Schicksal des Schlüsselkinds[1961]. Die zeitgenössische Erklärung in der 15. Dudenauflage, »Kind, dem der Wohnungsschlüssel umgehängt wird, weil die Mutter berufstätig ist«, trieft vor Verurteilung der Rabenmutter[1915]. Erst in der 18. Auflage aus dem Jahr 1980 heißt es: »Kind mit eigenem Wohnungsschlüssel, das nach der Schule unbeaufsichtigt ist, weil die Eltern beide berufstätig sind« – hier könnte man nun sogar eine gewisse antiautoritäre[1973] Bewunderung für kindliche Autonomie[1880] herauslesen. Es ist bezeichnend, wie noch über fünfzig Jahre später die Diskussionen in Politik und Freundeskreisen von der Vereinbarkeit von Familie und Beruf, Ehegattensplitting[2004], Elternzeit[2004], Herdprämie[2009], Vätermonat[2009] und Kitaplätzen[2020] beherrscht werden.

Nach dem Zwischenspiel einer großen Koalition[1967] aus CDU[1947] und SPD ab 1966 fand 1969 ein erster wirklicher Machtwechsel in der Bundesrepublik statt. Willy Brandt[2017], Regierungschef einer sozialliberalen[1973] Koalition aus SPD und FDP[1947], erfasste die Aufbruchsstimmung[1973] im Land und stellte seine Amtszeit unter das Motto »Mehr Demokratie wagen«:

> Die Regierung kann in der Demokratie nur erfolgreich wirken, wenn sie getragen wird vom demokratischen Engagement der Bürger. Wir haben so wenig Bedarf an blinder Zustimmung, wie unser Volk Bedarf hat an gespreizter Würde und hoheitsvoller Distanz. Wir sind keine Erwählten. Wir sind Gewählte. […] [I]n den letzten Jahren haben manche befürchtet, die zweite deutsche Demokratie werde den Weg der ersten gehen. Ich habe dies nie geglaubt. Ich glaube dies heute weniger denn je. Nein: Wir stehen nicht am Ende der Demokratie, wir fangen erst richtig an.

Aufgrund seines Widerstands gegen die Nationalsozialisten und seiner Zeit im Exil, in der er sich auch umbenannt hatte, wurde Brandt immer wieder angefeindet – während die Mehrheit der NS-Chargen munter ihre Karrieren in der Bundesrepublik fortsetzen konnte. Noch größere Empörung löste Brandts Ostpolitik[1973] aus, die dem Konzept ›Wandel durch Annäherung‹ verpflichtet war. 1970 erkannte Westdeutschland in Verträgen mit Moskau und Warschau den Status quo[1887] der Nachkriegsgrenzen an – und damit den Verlust der früheren deutschen Ostgebiete, was die

Vertriebenenverbände und die sie vertretende konservative Opposition als »Verzichtspolitik« und »Ausverkauf deutscher Interessen« heftig kritisierte. Ein konstruktives Misstrauensvotum[1915] scheiterte jedoch, und aus der vorgezogenen Bundestagswahl 1972 ging die Regierung mit leichten Gewinnen hervor. Brandts spontaner ›Kniefall von Warschau‹ am Denkmal für die Opfer des Aufstands im Warschauer Ghetto im Jahr 1943 war von großer symbolischer Kraft. Im Verhältnis zur DDR verzichtete die Bundesrepublik auf ihren bisher aufrechterhaltenen Alleinvertretungsanspruch in internationalen Beziehungen. Mit dem sogenannten Grundlagenvertrag von 1972 erkannten sich die beiden deutschen Staaten faktisch an – und erst im Anschluss gelangt der Staatsname der DDR[L1951/1973] auch als Lemma in den Mannheimer Duden. 1973 folgte den Vereinbarungen mit Moskau und Warschau noch ein vergleichbares Abkommen mit Prag. Für seine Entspannungspolitik[1967] hatte Brandt schon 1971 den Friedensnobelpreis[1973] erhalten. Zudem besuchte er 1973 als erster deutscher Bundeskanzler den Staat Israel.

Die Ölkrise[1980] 1973 infolge des arabisch-israelischen Jom-Kippur-Kriegs im Nahen Osten löste eine weltweite Rezession[1961] aus, und der Umweltschutz[1973/L1976], dessen sich Brandt schon in den 1960er-Jahren angenommen hatte, rückte immer stärker in den Blick. Rezession und Krisenstimmung machten sich breit. Die Amtszeit von Brandts Nachfolger Helmut Schmidt, der passenderweise den früheren Wehrmachtsoffizier nie ganz verbergen konnte – oder wollte? –, stand ganz im Zeichen des Kampfes: gegen Inflation und Arbeitslosigkeit, gegen den Terror der RAF, der im ›Deutschen Herbst‹ 1977 seinen Höhepunkt erreichte, und gegen die Ablehnung des sogenannten NATO[1954/L1957]-Doppelbeschlusses von 1979. Im Zuge des Rüstungswettlaufs[1967] im kalten Krieg[L1951/1967] sollten neue Marschflugkörper[1986] sowie Mittelstreckenraketen[1961] vom Typ Pershing[1986] II, die mit Atomsprengköpfen[1991] ausgerüstet waren, in der Bundesrepublik stationiert werden. Die Pläne stießen auf großen Widerstand: Die Friedensbewegung[1986] organisierte Ostermärsche[1967] und Menschenketten[1986] mit Hunderttausenden Teilnehmenden. Aber auch die friedliche Nutzung der Atomenergie[1954] war äußerst umstritten. Aus den verschiedenen Protestbewegungen und Initiativen ging 1980 die Partei der Grünen[1986] hervor, die 1983 in den Bundestag einzog und dort nicht nur politisch, sondern ebenso habituell neue Akzente setzte.

Dem »Mehr Demokratie wagen« der SPD wollte 1982 der neue Bundeskanzler der CDU, Helmut Kohl[2017], eine »geistig-moralische Wende« entgegenstellen – und schaffte Millionen an illegalen Parteispenden[2013] beiseite. Den Unternehmen dankte er es mit Steuersenkungen[1967], während auf Bürgerinnen und Bürger Einsparungen bei den Sozialleistungen[1961] zukamen. Immerhin wurden 1986 unter Kohl das Mutterschaftsgeld und der Mutterschaftsurlaub[1991], der bisher nur erwerbstätigen Müttern zugutegekommen war, durch Erziehungsgeld und Erziehungsurlaub[1991] für alle Mütter und – zumindest theoretisch – Väter ergänzt, die ihr neugeborenes Kind selbst betreuen wollten. Die 20. Dudenauflage hängt dem geschlechtsneutralen[1991] Ansatz allerdings noch hinterher und bemerkt zum Babyjahr[1986]: »für Mütter ein zusätzlich anzurechnendes Rentenversicherungsjahr für jedes Kind; einjähriger Mutterschaftsurlaub«.

Abgesehen von diesen späteren Entwicklungen war es also kein Wunder, dass die ›Neue Deutsche Welle‹-Band um die Sängerin Ina Deter 1982/83 forderte: »Neue Männer braucht das Land!«

Ich sprüh's auf jede Häuserwand:
Ich such' den schönsten Mann im Land.
Ein Zettel an das schwarze Brett:
Er muss nett sein, auch im Bett.

Kratze es in Birkenrinden:
Wo kann ich was Liebes finden?
Schreib's in Gold auf die Altäre:
Ich komme nicht mit der Schere.

Male es auf jede U-Bahn:
Ruf' mich unter 318 an.
Drucke mir Demo-Flugblätter
Mit dem Bild von dem Erretter.

Und verteile sie vor Karstadt.
Hab' die Männer noch nicht ganz satt.
Setz' es fett in die Bild-Zeitung:
Emanze sucht 'ne Begleitung. [...]

Lass' im Werbefernsehn laufen:
Notfalls würd' ich einen kaufen.
Singe es von allen Bühnen:
Große Chancen haben Hünen.

Trage es auf meinem T-Shirt:
Schreibt mir wer, wo, was von wem hört.
Werd 'ne Neonleuchtschrift machen:
Wenn du so bist wie dein Lachen,

Möchte ich dich wiedersehn,
Mit dir schwimmen nach Athen,
Sogar mit dir früh aufsteh'n,
Sogar mit dir untergeh'n.

Ich sprüh's auf jede Wand:
Neue Männer braucht das Land.
Ich sprüh's auf jede Wand:
Neue Männer braucht das Land. [...]

Einigen öffentlich-rechtlichen[1915] Rundfunkanstalten war der Song[L1951/1954] zu aggressiv. Man argwöhnte verdeckte Gewaltaufrufe; die Erwähnung der Schere löste vielleicht Kastrationsängste[1996] aus? Die frauenbewegte Deter, die 1974 im Nachklang der »Stern«-Aktion das Lied »Ich habe abgetrieben« gedichtet hatte, erhielt noch jahrzehntelang Hassbotschaften. Es wird sie nicht groß gekümmert haben: Ihre Emanze[1986] (»ugs. für: emanzipierte Frau«), die im Songtext ausgerechnet in der »Bild« inseriert, erscheint nicht mehr als abwertender Ausdruck, sondern als positiv konnotierte, stolze Selbstbezeichnung.

Die Emanzipation[1880] findet sich abgekürzt zu »Emma« auch im Namen der 1977 von Alice Schwarzer gegründeten Frauenzeitschrift wieder. Bis dahin waren die meisten deutschen Blätter von Männern geleitet worden – eine Ausnahme war Marion Gräfin Dönhoff, die 1968/72 die Leitung der »Zeit« übernommen hatte. Henri Nannen jedoch, Herausgeber und Chefredakteur des »Sterns«, hatte auf dem »Wir haben abgetrieben!«-Titel ursprünglich nur die ebenso schöne wie prominente Romy Schneider zeigen wollen, was aus dem gesellschaftlichen Anliegen eine private Skandalgeschichte gemacht hätte – und so eher dem Profil seines Magazins entsprochen hätte. Und unmittelbar vor Schwarzers Artikel findet sich im »Stern« eine ganzseitige Anzeige für einen Automatikherd: eine Werbebotschaft, die sich im Gegensatz zu vielen anderen Reklameseiten in der Ausgabe wohl eher an ein weibliches Publikum richten sollte – und trotzdem nennt sich das Modell noch »Meisterkoch«.

Die Aktion sorgte trotzdem für Aufsehen. Die Kirchen tobten, und bundesweit füllten noch Tausende Frauen den Appel mit der Selbstanzeige aus. Außerdem wurden Zehntausende Unterschriften gegen den Abtreibungsparagrafen gesammelt. Die sozialliberale Bundestagsmehrheit verabschiedete 1974 eine Fristenregelung[1986] (»Regelung für straffreien Schwangerschaftsabbruch in den ersten Monaten«). Doch CDU/CSU[1947] zogen vor das Bundesverfassungsgericht[1973] – mit Erfolg: Karlsruhe wertete das Recht des Embryos[1880] auf Leben höher als das Recht der Schwangeren auf freie Entfaltung ihrer Persönlichkeit. Am Ende einigte man sich auf ein Indikationsmodell[1980] mit Pflicht zur Schwangerenberatung[1973]; als Indikatoren galten medizinische Gefahren für die Schwangere, schwere Schädigung des Ungeborenen, soziale Notlagen sowie eine Schwangerschaft nach Vergewaltigung oder Missbrauch. In der DDR war ab 1972 eine Fristenregelung in Kraft, die Schwangerschaftsunterbrechungen[1967/L1976] ohne Angabe von Gründen in den ersten zwölf Wochen erlaubte – zuvor hatte es das erste und letzte Mal in der Volkskammer bei der Verabschiedung eines Gesetzes Gegenstimmen gegeben. Nach der Widervereinigung gilt seit Mitte der 1990er-Jahre eine *faktische* Fristenregelung, nach der der Schwangerschaftsabbruch in den ersten zwölf Wochen zwar rechtswidrig ist, aber straffrei bleibt, wenn eine ausführliche Beratung stattgefunden hat. Nach der zwölften Woche können aber noch medizinische Indikatoren geltend gemacht werden.

Die Debatte um eine endgültige Entkriminalisierung[1991] des Schwangerschaftsabbruchs, in die sich in den letzten Jahren verstärkt eine weltweit vernetzte Lebensrecht[online]-/Pro-Life-Bewegung einschaltet, zu der unter anderem Evangelikale[1980] gehören, hält weiterhin an. Für Konservative ist die Deutungshoheit[2020] über den weiblichen Körper eines der wenigen übriggebliebenen Themen, an denen sich noch die eigene Gesinnung demonstrieren und politisches Profil schärfen lässt.

Liebe, Lust und ihre Folgen

Zwischenmenschliches im Duden

1880	Luder
	Monogamie
	Pornokratie
	Scheidung
	Schwangerschaft
	Syphilis
1902	liebäugeln
1905	knutschen
1915	Kaiserschnitt
	Pornographie
	Valentinstag
1929	Hallodri
1961	bezirzen
	Bums
	Flittchen
	Playboy
	Sex
1967	Ehevertrag
1973	Bützchen
1980	Sexismus
	Sexshop
	Sexualkunde
1986	Aids
1991	Lebenspartner
	Lebenspartnerin
2000	Potenzpille
2004	Darkroom
	Homoehe
	Intimschmuck
	Kuschelsex
	metrosexuell
	Penisbruch
	schnackseln
	Swingerklub
	verpartnern
	Verpartnerung
	Womanizer
2006	Eheschein
2009	Fernbeziehung
	Lebensmensch
	Zwangsehe
2013	Liebesschloss
	unsexy
2017	Boyfriend
	Dating-App
2020	Sexting
	On-off-Beziehung
2024	anflirten
	Bisexuelle
	Bondage
	daten
	Girlfriend
	Lieblingsmensch
	matchen
	Polyamorie

Zwölf Punkte für Europa!

Pailletten und Pop statt Panzer und Populismus

Beim Grand Prix[1961] im April 1982 in Harrogate, England: Nicole, eine Gymnasiastin aus dem Saarland im braven, hochgeschlossenen Kleid mit weißem Kragen, die Haare rechts und links vom Mittelscheitel fluffig zur Seite gekämmt, zupft die Saiten ihrer großen weißen Gitarre. »Ich weiß, meine Lieder, die ändern nicht viel. | Ich bin nur ein Mädchen, das sagt, was es fühlt.« Musiker in Weiß und eine Harfenistin unterstreichen den engelsgleichen Eindruck. Und die Jurys[1880] in den am Wettbewerb[1902] beteiligten Ländern sind begeistert.

So konnte der deutsche Beitrag seine Konkurrenz weit hinter sich lassen, selbst Israel gab die Höchstzahl von zwölf Punkten, was besondere Beachtung fand. Doch die ganze Naivität war eine sorgfältige Inszenierung von Komponist[1880] Ralph Siegel und Produzent[1880] Robert Jung, die genau den Zeitgeist[1915] traf: Im Rüstungswettlauf[1967] des kalte Kriegs[L1951/1967] versuchte der ökonomisch überlegene Westen die Sowjetunion, die ihre Kräfte gerade in Afghanistan aufrieb, in die Knie zu zwingen. US-Präsident Ronald Reagan[1986] und die britische Premierministerin Margaret Thatcher[1980] schlugen neue, härtere Töne gegenüber dem Ostblock[1967] an. Außerdem hatte die ›Eiserne Lady‹ nur wenige Tage vor der Show[1961] ihre Kriegsmarine ausgesandt, um die relativ nutzlosen Falklandinseln[1915] im Südatlantik von der argentinischen Militärjunta[1980] zurückzuerobern – und im nationalen Kriegsrausch von innenpolitischen Schwierigkeiten abzulenken. In Westeuropa selbst wurde der sogenannte NATO[1954/L1957]-Doppelbeschluss von 1979 heftig diskutiert. Er sah die Stationierung neuer Marschflugkörper[1986] sowie Mittelstreckenraketen[1961] vom Typ Pershing[1986] II vor, die mit Atomsprengköpfen[1991] bestückt sein sollten. Die Friedensbewegung[1986] mobilisierte mit Ostermärschen[1967] und Menschenketten[1986] Hundertausende; sie forderten Abrüstung[1905] statt ›Gleichgewicht des Schreckens‹ und Overkill[1986]-Szenarien – »das Vorhandensein von mehr Waffen, als nötig sind, um den Gegner zu vernichten«, wie die 19. Dudenauflage erklärt.

Dagegen nahm sich Nicole, die sich in Interviews bewusst unpolitisch gab, geradezu bescheiden aus, aber ihr »kleines Lied« sprach offensichtlich vielen aus dem Herzen:

> Ein bißchen Frieden, ein bißchen Sonne
> Für diese Erde, auf der wir wohnen.
> Ein bißchen Frieden, ein bisschen Freude,
> Ein bißchen Wärme, das wünsch ich mir.
>
> Ein bißchen Frieden, ein bißchen Träumen,
> Und daß die Menschen nicht so oft weinen.
> Ein bißchen Frieden, ein bißchen Liebe,
> Daß ich die Hoffnung nie mehr verlier.

In der Bundesrepublik war gerade eher die ›Neue Deutsche Welle‹ angesagt. Nena – im Auftreten in jeder Hinsicht das Gegenteil zur harmlosen Nicole – erlebte ebenfalls 1982 ihren Durchbruch. Mit ihrem weltweiten Hit[1967] »99 Luftballons« stimmte sie ein Jahr später auch pazifistische Töne an: »99 Jahre Krieg | Ließen keinen Platz für Sieger. | Kriegsminister gibt's nicht mehr | Und auch keine Düsenflieger.« Für den damals noch recht offiziösen *Grand Prix* war die ›Neue Deutsche Welle‹ aber zu ausgefallen.

Begründet wurde der internationale Gesangswettbewerb 1956; Ausrichter ist bis heute die zwei Jahre zuvor eingerichtete Eurovision[1967] – »(Kurzw. aus: europäisch u. Television) europ. Organisation zur Kettenübertragung von Fernsehsendungen«, heißt es in der 16. Dudenauflage. Dahinter steht wiederum die ›Europäische Rundfunkunion‹ von 1950 – englisch *European Broadcasting Union* oder kurz *EBU*. 1952 trat die ARD[1967] (»Arbeitsgemeinschaft der öffentlich-rechtlichen Rundfunkanstalten der Bundesrepublik Deutschland«) bei und 1963 das ZDF[1967] (»Zweites Deutsches Fernsehen«). Für den Start der *EBU* gab es Finanzhilfen aus den USA: Durch die länderübergreifende Kooperation von Rundfunkanstalten sollte nicht zuletzt die Westintegration nach dem Zweiten Weltkrieg gefördert werden – und das über Europa hinaus. So kamen Gründungsmitglieder unter anderem aus Marokko und Tunesien sowie Australien. Der erste *Grand Prix Eurovision de la Chanson Européenne/Concours Eurovision de la chanson* beziehungsweise *Eurovision Song Contest (ESC)* fand 1956 im schweizerischen Lugano statt. Dass der Wettbewerb in den ersten Jahren sehr frankophon geprägt war, lässt sich an der in Deutschland lange gebräuchlichen Bezeichnung *Grand Prix* ablesen; der Songcontest[2020] erscheint erst in der 28. Dudenauflage.

Der europäische Gedanke[1991], die Idee einer europäischen Einigung, nahm schon nach den Verwüstungen des Ersten Weltkriegs konkretere Formen an. 1922 rief Richard Coudenhove-Kalergi[1973] die Paneuropa[1929–1941/1961/L1957–L1976]-Union ins Leben, eine politische Bewegung, die den Nationalismus überwinden wollte und eine Föderation der europäischen Staaten anstrebte, dann aber von den Nazis zerschlagen wurde. Nach dem Zweiten Weltkrieg griff unter anderem der britische Staatsmann Winston Churchill[1929] die Idee Coudenhove-Kalergis zur Bildung der ›Vereinigen Staaten von Europa‹ wieder auf – er wäre wohl kein Brexiteer[2020] gewesen. Unter Vermittlung der USA fanden sich 1949 schließlich Belgien, Dänemark, Frankreich, Irland, Italien, Luxemburg, die Niederlande, Norwegen, Schweden und das Vereinigten Königreich in London zusammen, um den Europarat[1961] zu gründen. Er bietet bis heute einen festen institutionellen Rahmen zur Lösung gemeinsamer Probleme und brachte unter anderem den ›Europäischen Gerichtshof für Menschenrechte‹ (EGMR) hervor. Parallel zur politischen Zielsetzung des Europarats und in Verbindung mit den US-Wirtschaftshilfen aus dem Marshallplan[L1951/1954] war schon 1948 die OEEC[1954–1961] (»Organisation für europäische wirtschaftliche Zusammenarbeit«) initiiert worden, die heutige OECD[1967] (»Organisation für wirtschaftliche Zusammenarbeit und Entwicklung«), die sich, wie der Name andeutet, nicht mehr nur auf Europa fokussiert. Auf militärischer Ebene werden die Einigungsbestrebungen seit 1949 durch die NATO[1954/L1957] (»Organisation der Signatarmächte des Nordatlantikpaktes«) ergänzt. Die Bundesrepublik ist seit 1950/51 Mitglied im Europarat und seit 1955 in der NATO. Vor diesem Hintergrund erscheint die Pan-Europa-Bewegung[1954–1976] in der 14. Auflage des Westdudens; das zwischenzeitlich wieder gelöschte Lemma ›Paneuropa‹ folgt in der 15. Auflage und hat sich bis heute gehalten. Wohl im Hinblick auf die damit einhergehende Westbindung und den Einfluss der USA bemerkt man in Leipzig in der eigenen 15. Auflage: »imperialist. Strömung für ein sog. vereinigtes Europa«; in der letzten DDR-Ausgabe fehlt das Lemma.

Die wichtigen Impulse zur europäischen Integration gingen dann vor allem von den früheren ›Erbfeinden[1915]‹ Frankreich und (West-)Deutschland aus. Im Jahr 1950 legte der französische Außenminister Robert Schuman[1967] einen Plan zur gemeinsamen Kontrolle der französischen und westdeutschen Kohle- und Stahlproduktion vor. Dies hatte nicht nur wirtschaftliche Gründe, sondern sollte zugleich eine erneute einseitige Aufrüstung und Kriegsvorbereitung, für die Kohle und Stahl unerlässlich waren, unmöglich machen. Der ›Schuman-Plan‹ wurde 1951 zur Grundlage für die sogenannte Montanunion[1954], offiziell Europäische Gemeinschaft für Kohle und Stahl[1967] (EGKS). Sie war als supranationale[1967] Organisation erstmals dem Gesamtwohl aller ihrer Mitgliedsstaaten[1967] – zu Anfang Belgien, die Bundesrepublik Deutschland, Frankreich, Italien, Luxemburg und die Niederlande – verpflichtet und sollte damit den Konkurrenzgedanken überwinden helfen. Besonders für den deutschen Bundeskanzler[1954] Konrad Adenauer[1961] war die europäische Integration ein wesentliches Mittel, sein durch Diktatur und Kriege diskreditiertes und heruntergewirtschaftetes Land wiederaufzurichten. Gleichzeitig sollte sich die Bundesrepublik als Demokratie stabilisieren und international Anerkennung erhalten.

Im Jahr 1957 folgten die sogenannten Römischen Verträge, die unter anderem die Europäischen Wirtschaftsgemeinschaft[1967]/EWG[1967], die Euratom[1961] (»Europäischen Atomenergiegemeinschaft«) sowie als gemeinsame Organe das Europaparlament[1986], den Europäischen Gerichtshof und den Europäischen Wirtschafts- und Sozialausschuss hervorbrachten. Durch die Verträge von Maastricht und Lissabon wurde die EWG 1992/93 beziehungsweise 2007/09 zunächst zur Europäischen Gemeinschaft[1973]/EG[1973] und schließlich zur heute bestehenden Europäischen Union[1996]/EU[1996] weiterentwickelt. Dabei wurden unter anderem eine europäische Wirtschafts- und Währungsunion[1991] festgelegt – wobei nicht alle EU-Staaten[2006] 1999/2002 den als Teuro[2004] verspotteten Euro[1996] als gemeinsame Währung einführten. In Lissabon erhielt der Präsident oder, wie seit 2019 mit der Deutschen Ursula von der Leyen, die Präsidentin die Richtlinienkompetenz[1986] innerhalb der EU-Kommission[2004], die im politischen System der EU die Rolle der Exekutive einnimmt. Hinzu kommen der ›Europäische Rat‹ der Staats- oder Regierungschefs, der sich auf den sogenannten EU-Gipfeln[2004] trifft, sowie der EU-Ministerrat[2013] – »ugs. für Rat der Europäischen Union, der sich aus den Fachministern der Mitgliedstaaten zusammensetzt«, wie die 26. Dudenauflage ausführt – und zusammen mit dem EU-Parlament die Legislative innehat.

Die Zielsetzung der europäischen Einigung und der Grad der

Integration werden viel diskutiert: Bundesstaat oder Staatenbund? Verschiedene Geschwindigkeiten? Nationale Alleingänge vor allem in der Außenpolitik? Verantwortung für schwächere Staaten in der Eurokrise[2013] durch einen Euro-Rettungsschirm[2013]? Festung Europa mit Frontex[2017] und Pushbacks[2024]?

Mit dem Erstarken des Rechtspopulismus[2000] und Rechtsextremismus[1980] wird der Europagedanke[2017] immer häufiger infrage gestellt. Der Brexit[2017] allerdings, der EU-Austritt des Vereinigten Königreichs 2020/21, erweist sich für das Land als so nachteilig, dass er wohl trotz der vielen Euroskeptiker[2009] nicht so schnell Nachahmer finden wird. Gemeinsamer Markt[1961]/Binnenmarkt[1973], Zollunion[1961] und EFTA[1967] (»Europäische Freihandelszone«), die allmähliche Angleichung der Lebensverhältnisse durch die EU-Erweiterungen[2004], die Förderung strukturschwacher[1986] Regionen, Verbraucherschutz[2004] durch EU-Richtlinien[2006], die Freizügigkeit[1880] im sogenannten Schengenraum[2024] sowie die Rechtssicherheit[1967], die die EU-Organe bieten, gerade wenn Regierungen in einzelnen Mitgliedsstaaten demokratische Prinzipien und die Rechte von Minderheiten angreifen, sind unleugbare Vorteile trotz aller Schwerfälligkeit der europäischen Institutionen mit ihrer scheinbar überbordenden Bürokratie.

Nicht zuletzt hat sich über die Jahrzehnte ein europäisches Bewusstsein herausgebildet, vor allem in jüngeren Generationen, die von Projekten wie dem Erasmus-Programm[2020] für Studierende unmittelbar profitieren konnten. Arbeitserfahrungen in europäischen Institutionen und Kontexten werden heute in vielen Berufsfeldern gerne gesehen.

Zu den gemeinsamen kulturellen Erlebnissen einer europäischen Öffentlichkeit gehört auch der *Grand Prix*. Aus einer anfangs gediegenen Unterhaltungssendung[1967] in Abendkleid und Smoking ist mittlerweile eine Massenveranstaltung[L1985/1991] mit einer festen internationalen Fangemeinde[2004] geworden. Schon in den 1960er-Jahren wurden Frauenröcke kürzer und Männerhaare länger. 1965 fand der angesagte *Yéyé*, eine französische Variante des Beat[1967], benannt nach den »Yeah«-Ausrufen wie in den Songs[L1951/1954] der Beatles[1967], mit »Poupée de cire, poupée de son«, komponiert von Serge Gainsbourg und interpretiert von France Gall, Eingang in das Repertoire[1880]. Für größere Dynamik, Interaktivität und musikalische Abwechslung jenseits des Geschmacks von Jurys mit ihren überkommenen Strukturen sorgte schließlich die direkte Einbeziehung des Publikums[1880] durch das Voting[2004] per Telefon seit 1997 sowie nationale Vorentscheide[1967] etwa in Form von Castingshows[2006], durch die zum Beispiel nach Nicole die zweite deutsche Siegerin ins Rennen geschickt worden war: Lena Meyer-Landrut mit »Satellite« 2010 in Oslo. Mit kommerziellen Erfolgen und Weltkarrieren konnten Sängerinnen und Sänger aber schon vorher rechnen, darunter 1958 der drittplatzierte Titel »Volare« (»Nel blu, dipinto di blu«) von Domenico Modugno, 1974 ABBA mit »Waterloo« oder 1988 Céline Dion mit »Ne partez pas sans moi«.

Obwohl vom Anspruch her ausdrücklich unpolitisch, erlebte der *Grand Prix* immer wieder Momente von großer Symbolhaftigkeit, so 1999, als alle Teilnehmenden am Ende gemeinsam sangen, um an die Opfer im aktuellen Krieg im Kosovo zu erinnern. Auch für die Sichtbarkeit queerer[2017] Menschen bot der *ESC* immer wieder eine Bühne: 1998 siegte die transgeschlechtliche[2020] Sängerin Dana International aus Israel, 2007 schickte das eher konservative Serbien die offen lesbische[1915] Marija Šerifović ins Rennen, 2014 gewann der schwule[1967] österreichische Sänger Conchita Wurst, der mit Vollbart und Abendkleid auftrat, und 2024 konnte mit Nemo aus der Schweiz erstmals eine offen nicht binäre[2024] Person den *ESC* für sich entscheiden. Jedoch war 2009 in Moskau parallel zum Wettbewerb eine friedliche Demonstration für die Achtung queerer Menschen gewaltsam aufgelöst worden.

Im selben Jahr verzichtete Georgien auf die Teilnahme, weil es seinen Beitrag »We Don't Wanna Put In«, der als Affront[1880] gegen den russischen Machthaber Wladimir Putin[2009] empfunden wurde, nicht zurückziehen wollte – im Vorjahr waren russische Truppen in das Kaukasusland eingedrungen. Wegen des Überfalls auf die Ukraine wurde Russland 2022 von der *EBU* suspendiert und damit von der Teilnahme am *ESC* ausgeschlossen. Und 2024 warfen Terror und Krieg im Nahen Osten ihren Schatten auf das Musikspektakel. Gewaltsame Konflikte kehren einmal mehr nach Europa zurück. Der abschließende Aufruf im Siegerbeitrag von Nicole 1982, so kitschig er klingt, bleibt doch immer noch aktuell:

> Sing mit mir ein kleines Lied,
> Daß die Welt im Frieden lebt.
> Singt mit mir ein kleines Lied,
> Daß die Welt im Frieden lebt.

Mauerfall, Wendehals und Wegwerfmentalität

Die deutsche Wiedervereinigung – auch beim Duden

23. April 1991, im Lokalteil des »Leipziger Tageblatts«: »Tausende druckfrischer Bücher aus Beständen des ehemaligen staatlichen Buchgroßhandels haben in den kleinen Ort Plottendorf in der Nähe Leipzigs eine unrühmliche Endstation erreicht«, wird ein Foto mit einem Berg zerfledderter Bücher beschrieben; im Hintergrund sind noch vollgestapelte Paletten zu sehen. »Unter den Büchern ist ein Großteil, der ungelesen in den Abfall gekippt wurde: Kinderbücher, deutsche Klassiker, internationale Belletristik.«

Die Büchermassen stammten aus dem ›Leipziger Kommissions- und Großbuchhandel‹ (LKG), ein Zwischenhändler, der in Monopolstellung den Vertrieb der gesamten ostdeutschen Buchproduktion abgewickelt hatte. Was anfangs praktisch war, erlebte wie viele Wirtschaftsfelder der DDR[1973/L1980] durch Investitionsstau[online] und Unproduktivität[1973] einen unaufhörlichen Niedergang. Gewinne mussten an den Staat abgeführt werden, die zentralen Planungsstellen hatten die Bedürfnisse vor Ort nicht im Blick, die Gebäude verfielen, für moderne Ausstattung und Technik wie Hochregale und Stapler fehlte das Geld. Das Arbeiten neben den übereinandergestapelten Bücherpaletten, wie sie auch auf dem Foto zu sehen sind und aus denen die Auslieferungen bestückt werden mussten, war lebensgefährlich. Der alle Bibliophilen[1880] schreckende Umgang mit den Büchern begann schon vor dem Ende der DDR: Aus Platznot wurden ganze Auflagen nur dürftig durch Planen geschützt im Freien aufbewahrt. Und schon damals fehlten den Verlagen die Ressourcen[1880], um sich um die Makulatur[1880] ihrer nicht mehr benötigten Bestände beim LKG zu kümmern.

Dabei war »Leseland DDR« nicht nur eine staatlicherseits gerne bemühte Parole: Bücher waren stark nachgefragt, manche Ausgaben gehörten sogar zur Bückware[2004], an die man nur mit guten Beziehungen gelangte; insgesamt war der Bücherbesitz pro Kopf in Ostdeutschland höher als im Westen. Der Buchmarkt war geschützt und stark subventioniert, von hoher Qualität, aber auch reguliert, nicht zuletzt durch eine rigide Zensur[1880]. Redaktionen und Lektorate waren gut besetzt, viele staatliche und parteieigene Verlage glichen wissenschaftlichen oder kulturellen Institutionen. Andererseits herrschte Mangelwirtschaft, der Rohstoff Papier zum Beispiel ging vorzugsweise an Verlage, die im Besitz der Sozialistischen Einheitspartei Deutschlands[1947] (»Abk.: SED«) waren. Bei der generell hohen Auslastung der Druckereien mussten Verlage lange im Voraus planen und manchmal Jahre auf einen Termin warten. Ähnlich sah es für den Leipziger VEB Bibliographisches Institut aus. Er musste seine Gewinne ebenfalls dem Staatshaushalt überlassen und kämpfte seit Ende des Zweiten Weltkriegs mit ungelösten Platzproblemen: Die Belegschaft arbeitete über die ganze Stadt verstreut.

Die wirtschaftliche Situation der DDR geriet in den 1980er-Jahren unausweichlich in eine Sackgasse. Die von Erich Honecker[1980] vorgegebene ›Einheit von Wirtschafts- und Sozialpolitik‹ war praktisch nicht mehr finanzierbar. Die Subventionierung[2009] von Konsum und Wohnungsbauprogramm[L1985] sowie die umfassende soziale Absicherung waren aber unabdingbar für die Stabilität des SED-Regimes. Im Nachbarland Polen hatten Preissteigerungen zu einer Streikwelle geführt, aus der die freie Gewerkschaft *Solidarność* hervorging – trotz Ausrufung des Kriegszustands ein erster Sargnagel für die dortige kommunistische Herrschaft. Die DDR war wie ihre Brudervölker[1973] im Ostblock[1967] zunehmend den Bedingungen des Weltmarkts[1961] ausgesetzt, während der politische und wirtschaftliche Zusammenhalt im Rat für Gegenseitige Wirtschaftshilfe[L1967] (»Abk. RGW«), der auf finanzieller Unterstützung Moskaus beruhte, zerfiel. Doch ein Schuldenstopp hätte zu einer sofortigen Absenkung des Lebensstandards[L1957/1961] geführt und die ohnehin unzufriedenen DDR-Bürgerinnen und -Bürger unregierbar gemacht: Längst erreichten die Ausreiseanträge[2020] trotz aller damit verbundenen Repressionen[1929] immer neue Spitzenwerte. Besonders die Umweltverschmutzung[L1976] durch eine veraltete Industrie – hier zeigten sich einmal mehr die Folgen fehlender Investitionen – war ein Kristallisationspunkt[1973] für eine erstarkende Bürgerrechtsbewegung[2006], die von den Kirchen unterstützt wurde.

Die UdSSR aber konzentrierte sich unter Mikhail Gorbatschow[1986] ab 1985 vor allem auf die eigenen Probleme. Reformen wie in der Sowjetunion unter den Schlagwörtern Glasnost[1991] – »(polit.) Offenheit« – und Perestroika[1991] – »Umbildung, Neugestaltung (des sowjetischen politischen Systems, bes. im innen- und wirtschaftspolitischen Bereich)« – lehnte das SED-Regime jedoch kategorisch ab. Das greise Politbüro[L1951/1954] klammerte sich an die Macht und verschloss die Augen vor den Herausforderungen der Zeit. Ein Generationswechsel[1915] wie in Moskau wurde verpasst, hätte aber, genau wie dort, den Niedergang wohl nur noch hinauszögern können. So aber war die DDR am Ende auch politisch isoliert.

Die allzu offensichtlichen Fälschungen bei den Kommunalwahlen in der DDR im Mai 1989 wurden erstmals nicht stillschweigend akzeptiert. In den sich anschließenden Sommerferien öffneten sich plötzlich immer mehr Schlupflöcher im eisernen Vorhang[L1951/1961]: In der Tschechoslowakei und in Ungarn wollte man sich nicht länger an einem strikten Grenzregime beteiligen – worüber sich die Ostdeutschen in den Nachrichtensendungen aus der Bundesrepublik zeitnah informieren konnten. Über die österreichisch-ungarische Grenze – am 27. Juni hatten die beiden Außenminister der Nachbarländer den ungarischen Stacheldrahtzaun symbolträchtig zerschnitten – setzten sich bald Zehntausende DDR-Urlauberinnen und -Urlauber in den Westen ab. In der Botschaft der Bundesrepublik in Prag harrten wochenlang Tausende Menschen aus, die schließlich mit Flüchtlingszügen[online] und begleitet von westdeutschem Botschaftspersonal durch die DDR in den Westen ausreisen konnten.

Aus den Friedensgebeten, die man ab 1986 in der Leipziger Nikolaikirche gegen den Rüstungswettlauf[1967] abhielt, entwickelten sich beginnend mit dem 4. September 1989 die ersten Montagsdemonstrationen[1991]. Trotz Übergriffen der Sicherheitskräfte, Verhaftungen und Einschüchterungsversuchen fanden sich unter dem Motto »Wir sind das Volk!« von Woche zu Woche immer mehr Menschen zusammen, nicht nur in Leipzig, sondern in vielen Städten der gesamten DDR. Ebenfalls ab September organisierten sich die ersten Bürgerbewegungen[1991] wie das ›Neue Forum[1991]‹ oder der ›Demokratische Aufbruch‹. Die Feiern zum 40. Jahrestag der Gründung der DDR am 7. Oktober 1989, zu denen unter anderem Gorbatschow als Staatsgast geladen war, wurde von Sprechchören wie »Gorbi, Gorbi«, »Keine Gewalt« und »Demokratie – jetzt oder nie« begleitet. Die landesweiten Protestmärsche am kommenden Montag, den 9. Oktober, konnten angesichts der schieren Masse an Hundertausenden Teilnehmenden nicht mehr eingedämmt werden. Wenn die SED je den Plan gehabt hatte, wie in der Volksrepublik China im Juni des Jahres beim Tian'anmen-Massaker die Opposition mit Gewalt zu unterdrücken – was viele befürchteten und befürchten mussten –, so war diese Möglichkeit nun vertan.

Vor diesem Hintergrund wurde Honecker am 18. Oktober von seinem einstigen Zögling Egon Krenz gestürzt. Doch für Reformen war es zu spät, die Herrschaftsstrukturen der SED befanden sich in Auflösung. Wie chaotisch es hinter den Kulissen zuging, wurde bei einer denkwürdigen Pressekonferenz[1961/L1967] am 9. November deutlich: Nur mit ein paar Zetteln und einer Notiz von Krenz ausgestattet, verkündete Günter Schabowski, der in Zentralkomitee[L1951/1967] und Politbüro neuerdings für das ›Informationswesen‹ zuständig war, kurz vor 19 Uhr vor laufenden Kameras auf Nachfrage eines Journalisten den Wegfall aller Beschränkungen für Privatreisen ins Ausland – »sofort, unverzüglich«. Die Nachricht verbreitete sich innerhalb von Minuten über Fernsehsender und Nachrichtenagenturen. In Ost-Berlin machten sich die Menschen auf zu den innerstädtischen Grenzübergängen, die verwirrten Grenztruppen und Stasi-Offiziere beugten sich schließlich dem Massenandrang und stellten alle Kontrollen ein: Die Berliner Mauer, das Symbol der Teilung der Welt im kalten Krieg[L1951/1967], war gefallen. Der ganz große Ansturm, nicht nur in Berlin, sondern an der gesamten deutsch-deutschen[1986] Grenze, setzte am kommenden Wochenende ein: Abgesehen von reiner Freude und Neugierde lockte das Begrüßungsgeld[1991] von 100 DM, das seit 1988 allen DDR-Bürgerinnen und -Bürgern bei ihrer ersten Westreise zustand.

Der Mauerfall[2004] überrumpelte die politisch Verantwortlichen in Ost und West. Ähnlich wie etwa in Polen und Ungarn bildete sich im Dezember in der DDR ein ›Zentraler Runder Tisch‹ – neben vergleichbaren lokalen Zusammenkünften – als organisatorischer Rahmen, um die anstehenden Probleme zu diskutieren. Bei den Gesprächen am runden Tisch[1967] (im Duden unter ›rund‹ und ›Tisch‹), die von Kirchenleuten moderiert wurden, waren die SED und die neuen Bürgerbewegungen ebenso vertreten wie die Blockparteien und die staatsnahen Massenorganisationen wie FDGB[1947] und FDJ[1947]. Bei den ersten freien Wahlen zur Volkskammer[L1951/1973], bei der tatsächlich über 90 Prozent der Wahlberechtigten ihre Stimme abgaben – eine Zahl, die früher verdächtig gewesen wäre –, setzte sich ein Wahlbündnis unter Führung der Ost-CDU durch, das für eine schnelle Wiedervereinigung[1961] eintrat. Das Ergebnis war wie bei den ersten Bundestagswahlen 1949 eine böse Überraschung für die SPD, die sich Hoffnungen auf den Wahlsieg gemacht hatte, und eine Richtungsentscheidung für die kommenden Jahre.

Im Westen ergriff der seit 1982 amtierende Bundeskanzler Helmut Kohl[2017] von der CDU die Chance für einen politischen Neuanfang. Gerade hatte seine Partei bei der Europawahl[2006] im Juni 1989 herbe Verluste hinnehmen müssen und führte nur noch hauchdünn vor der SPD. Innerparteilich sägten schon Frondeure[1880] an seinem Stuhl. Der Umsturz in der DDR kam da wie gerufen. Mit Weitsicht, Instinkt und besten Kontakten zu den Regierungschefs in den USA, Frankreich und der Sowjetunion – nur Margaret Thatcher[1980] konnte den Chancellor[1967] nicht leiden und sah den Bedeutungszuwachs eines wiedervereinigten Deutschlands äußerst kritisch – managte Kohl die nötigen außenpolitischen Schritte auf dem Weg zur deutschen Einheit. Bis zum September 1990 stand der Zwei-plus-Vier-Vertrag zwischen den beiden deutschen Staaten und den vier Siegermächten[1991] des Zweiten Weltkriegs, die das künftig vereinte Deutschland unter Anerkennung der bestehenden Grenze entlang der bis dahin sogenannten Oder-Neiße-Friedensgrenze[L1951–L1985]/Oder-Neiße-Linie[1954–1986] in die volle Souveränität entließen – seither verbindet uns mit Polen die Oder-Neiße-Grenze[1991], wie der Duden nun verzeichnet. Zuvor hatten BRD und DDR in einem Staatsvertrag die Währungs-, Wirtschafts- und Sozialunion vereinbart, die am 1. Juli 1990 in Kraft trat: Dabei übernahm das noch selbstständige Ostdeutschland große Teile der westdeutschen Wirtschafts- und Rechtsordnung und führte die heißbegehrte DM[L1951/1954] als Währung ein. Ende August folgte der Einigungsvertrag[1991]: Er regelte den Beitritt der DDR zum Geltungsbereich des deutschen Grundgesetzes, der am 3. Oktober 1990, dem Tag der Deutschen

Einheit[1991], erfolgte. Gleichzeitig entstanden die fünf neuen Bundesländer[1991].

Getrieben wurde Kohl von der DDR-Bevölkerung und dem sich abzeichnenden Zusammenbruch der ostdeutschen Wirtschaft und Sozialsysteme, über die die neuen Regierung in der DDR nun erstmals offen Auskunft gab. Nach dem Mauerfall verließen täglich Tausende Menschen die DDR in Richtung Westen: »Kommt die D-Mark, bleiben wir, kommt sie nicht, geh'n wir zu ihr.« Zudem hoffte Kohl mit den Stimmen der zufriedengestellten DDR-Bürgerinnen und -Bürger sowie einem komfortablen Amtsbonus[2004] als ›Kanzler der Einheit‹ der Ende 1990 anstehenden Bundestagswahl entspannt entgegensehen zu können. Während Kohl im Wahlkampf »blühende Landschaften« und das Blaue vom Himmel[1934] versprach, warnte der SPD-Kandidat Oskar Lafontaine vor den Kosten der Einheit, die ohne Steuererhöhungen nicht zu finanzieren seien, was der Bundeskanzler aber ablehnte. Kohl gewann die Wahl und konnte die Koalition mit der FDP fortsetzen; die nächste Bundestagswahl 1994 bestätigte ihn im Amt. Zwar erhöhte Kohl nicht die Steuern, führte aber 1991 als eine Ergänzungsabgabe zu Einkommensteuer und Körperschaftsteuer den Solidaritätszuschlag[2004] ein.

Die rasche Abwicklung der DDR hatte auch diejenigen Bürgerrechtlerinnen[2004] und Bürgerrechtler[1980] überrollt, die das Land eigentlich reformieren wollten. Reisefreiheit[2009] (erst in die 25. Dudenauflage aufgenommen mit dem Vermerk »früher«) und die Verlockungen der Konsumgesellschaft[1973] waren jedoch stärker. Die negativen Folgen wurden bald offensichtlich. Mit der Einführung der DM im Osten und der Umstellung von Löhnen und Gehältern im Verhältnis 1:1 wurden die DDR-Waren für den Export in ihre bisherigen Absatzmärkte zu teuer; ebenso verlor die Produktion in der DDR für westliche Firmen an Attraktivität. Die ostdeutschen Verlage zum Beispiel büßten etwa ein Drittel ihres Exportgeschäfts mit den Handelspartnern im früheren Ostblock ein. Die in der Folge vereinbarten Lohnsteigerungen, die sich an westlichen Tarifabschlüssen orientierten, entsprachen nicht einer wachsenden Produktivität. Zudem lautete das wirtschaftliche Mantra der Zeit Privatisierung[1967], und zwar um jeden Preis – nach heutigen Maßstäben wäre man wie in der Finanzkrise[1973] von 2008/2009 und der Coronakrise[2020] vermutlich behutsamer vorgegangen und hätte eher versucht, mit Milliardenhilfen, Konjunkturpaketen[2009] und Rettungspaketen[2009] Bestehendes zu erhalten und Arbeitsplätze zu sichern. So aber wurde, was man nicht Alteigentümerinnen und Alteigentümern zurückgegeben konnten, oft verschleudert, nicht selten für die symbolische »eine Mark«.

Die Erfahrung der Massenarbeitslosigkeit[1973] in den 1990er-Jahre war für viele Menschen in den neuen Bundesländern ein herber Einschnitt in ihrer Biografie. Viele sahen ihre Lebensleistung entwertet und fühlten sich als Ossis[1991] wie Deutsche zweiter Klasse. Die anhaltende Abwanderung in den Westen verstärkte die ohnehin spürbaren Folgen des demographischen[1967] Wandels. Ehemalige Kader[1905] aus SED und Blockparteien oder den Volkseigenen Betrieben wurden als Wendehälse[1991] verspottet, wenn sie sich gut vernetzt und allzu opportunistisch in den neuen Verhältnissen einfanden. Zu den immer wieder beschrieben Figuren der Nachwendezeit[2000] gehören außerdem der windige Investor, der sich das Tafelsilber unter den Nagel riss und mit einkassierten staatlichen Hilfen auf Nimmerwiedersehen verschwand, oder der für die ostdeutschen Befindlichkeiten unsensible Besserwessi[2000] oder der Unternehmer aus dem Westen, der die frühere DDR-Konkurrenz aufkaufte und dann zum eigenen Marktvorteil aus dem Weg räumte. Verantwortlich für alles: die viel gescholtene Treuhand[1905] (im Duden zunächst als Begriff der Heraldik aufgenommen).

Schon am ›Zentralen Runden Tisch‹ hatte man die Gründung

einer Treuhandgesellschaft[1929] diskutiert. Diese sollte die Anteilsrechte der Bürgerinnen und Bürger am Volkseigentum[L1957/1986] sichern. Am 17. Juni 1990 verabschiedete die Volkskammer schließlich das sogenannte Treuhandgesetz »zur Privatisierung und Reorganisation des volkseigenen Vermögens«. Mit der Wiedervereinigung wurde sie zu einer Anstalt des öffentlichen Rechts unter der Aufsicht des Bundesfinanzministeriums und bestand in dieser Form bis 1995.

Allerdings hatten die ostdeutschen Unternehmen schon vor den umfassenden Privatisierungen einen schweren Stand im eigenen Land. In den Tagen, die der Währungsunion[1991] vorausgingen, räumte der Handel der DDR seine Verkaufsflächen und Lager leer. Am 1. Juli 1990 präsentierte sich dann mit einem Schlag ein neues Warenangebot. Der Absatz für Produkte aus der DDR brach ein, nicht nur bei Autos und hochwertigen Konsumgütern, sondern auch beim alltäglichen Grundbedarf. Jahrelang benutzte Gebrauchsgegenstände und ganze Wohnungseinrichtungen landeten im Müll oder auf der Straße. Ebenso Werke aus dem Buchhandel: Was man nicht selbst entsorgte, ging an den LKG zurück, der für die literarischen Altlasten[1991] aber keinen Platz mehr hatte.

Das Leipziger Bibliographische Institut wollte zunächst selbstständig weiterarbeiten, erhielt jedoch nicht die nötigen Bankkredite. Einen Einstieg des westdeutschen Medienkonzerns Bertelsmann lehnte die Belegschaft ab. Dafür kam es im März 1990 zu einer ersten Vereinbarung mit der Mannheimer Bibliographisches Institut & F. A. Brockhaus AG, die 1984 aus einer Fusion der beiden westdeutschen Lexikonverlage hervorgegangen war. Dabei konnte man in West und Ost auf eine gewisse Vertrautheit aufbauen. Bis Anfang der 1960er-Jahre hatten es immer wieder Rechtsstreitigkeiten zwischen den Parallelverlagen gegeben. Doch 1980 sprach man untereinander ab, dass Leipzig künftig keine Werke unter den Marken »Meyer« und »Duden«

im westlichen deutschsprachigen Ausland anbieten würde, während Mannheim Titel des VEBs in sein Programm aufnahm; außerdem wollte man Vertrieb und Werbung der Leipziger im Westen sowie deren Auftritte bei der Frankfurter Buchmesse nicht länger behindern.

Schon im April 1990 trafen sich die Mannheimer Dudenredaktion und das Leipziger Lektorat Deutsch in der Messestadt, um über einen ›gesamtdeutschen[1941]‹ Duden zu sprechen. Entstehen sollte das Projekt in Leipzig, die Auswahl der Lemmata basierte auf den Sprachkarteien der Dudenredaktion in Mannheim beziehungsweise des Lektorats Deutsch in Leipzig, wobei als Grundlage der Westduden diente, der mit 110.000 Stichwörtern deutlich umfangreicher war als sein ostdeutsches Gegenstück mit 75.000 Einträgen. Auch im Format orientierte man sich am Mannheimer Duden, der als Band 1 zu einer etablierten zehnbändigen Reihe gehörte, die sich neben der Rechtschreibung vom Stilwörterbuch bis zum Bedeutungswörterbuch erstreckte. Die Neuauflage wurde um 5.000 Stichwörter erweitert; bewusst bewahrte man dabei Begriffe, »die in der DDR gebräuchlich waren und für das Verständnis der jüngeren Vergangenheit von Bedeutung sind«, wie es im Vorwort heißt. Der Erscheinungstermin sollte 1992/93 sein, wurde aber angesichts der politischen Umwälzungen schon in den Herbst 1991 vorgezogen. Die Präsentation des ›Einheitsduden‹ fand symbolisch-staatstragend und werbewirksam im Festsaal des Neue Rathauses in Leipzig statt – nicht zuletzt als Bekenntnis zum traditionellen Standort des Bibliographischen Instituts, das mittlerweile zur Mannheimer Verlagsgruppe gehörte.

Das Leipziger Büro mit zuletzt knapp 60 Mitarbeitenden hielt sich bis Anfang 2009; im März des Jahres wurde die Bibliographische Institut & F. A. Brockhaus AG mit ihren Rechten an der Marke »Duden« an den Cornelsen Verlag verkauft. Insgesamt erlebte das Leipziger Bibliographische Institut dank der Kooperation mit dem westdeutschen Parallelverlag einen vergleichsweise gemächlichen Übergang in die Unbilden der Marktwirtschaft. Die allgemeinen Veränderungen des Buchmarkts betrafen am Ende in gleicher Weise die westdeutschen Verlage. Seit 2013 hat die Dudenredaktion ihren Sitz in Berlin.

Den wirtschaftsfreundlichen, neoliberalen[2004] Kurs der Kohl-Zeit führte von 1998 bis 2005 eine rotgrüne[1986]/rot-grüne[2000] Koalition unter SPD-Bundeskanzler Gerhard Schröder fort, der sich in seiner Amtszeit den Beinamen ›Genosse der Bosse‹ verdiente. Die Erhebung der Vermögensteuer[1941] hatte schon die Kohl-Regierung ausgesetzt, nachdem das Bundesverfassungsgericht die Berücksichtigung von Immobilienbesitz für zu gering befunden hatte – seither wird jede Diskussion um die Steuer von interessierter Seite als ›Neiddebatte‹ und ›Klassenkampf[L1951/1961]‹ abgewürgt. Rotgrün/Rot-Grün[2004] senkten nun den Spitzensteuersatz[2004] der Einkommensteuer[1915] um über 10 Prozent – was wohl ebenfalls nie wieder rückgängig zu machen ist. Nach einem Skandal um fehlerhafte Statistiken zur Vermittlungstätigkeit der Arbeitsämter Anfang der 2000er-Jahre entwickelte die von der Bundesregierung berufene und nach ihrem Vorsitzenden benannte Hartz-Kommission[2004] Pläne zur Reform des Arbeitsmarkts und des Sozialstaats, wobei viele Vorschläge der Bertelsmann-Stiftung, einem wirtschaftsliberalen Thinktank[2004], übernommen wurden. Zum Anlass nahm man angeblich fehlende Wettbewerbsfähigkeit[2004] sowie vermeintlich hohe Arbeitslosenzahlen, die nach der Übernahme der heruntergewirtschafteten DDR aber wohl eher wenig überraschend waren. Im Rahmen der sogenannten Agenda 2010 und begleitet von einer Medienkampagne gegen Empfängerinnen und Empfänger von Sozialhilfe[1967] und Arbeitslosenhilfe[1986] wurden in der Hartz-IV-Reform[2006] unter anderem das Hartz IV genannte Arbeitslosengeld[1980] II eingeführt und der Arbeitsmarkt liberalisiert. In der Folge sanken zwar die Arbeitslosenzahlen – also die Menge der Hartz-IV-Empfängerinnen[2009] und -Empfänger[2009] –, aber dies ging vor allem auf das Konto von Minijobs[2004], Leiharbeit[2004] und des Niedriglohnsektors[2004]. Heute sind in keinem vergleichbaren Land prekäre[1880] und schlechtbezahlte Beschäftigungsverhältnisse so verbreitet wie in der Bundesrepublik. Die gesellschaftliche Spaltung zwischen Armen und Reichen nimmt immer weiter zu, die Chancen in Schule und Beruf werden nach wie vor wesentlich von der familiären Herkunft bestimmt.

Immerhin war die Regierungstätigkeit für viele SPD-Leute, allen voran Bundeskanzler Schröder selbst, ein Sprungbrett für Karrieren in der Privatwirtschaft[1961] als Lobbyisten[1961] und Aufsichtsrats[1915]-Mitglieder. Einen anderen, seither beliebten Berufsweg schlug der grüne Vizekanzler und Außenminister Joschka Fischer ein, der sich nach radikalen Anfängen in der APO[1973] (»außerparlamentarische Opposition«) in der Rolle des salbadernden Elder Statesman[online] etabliert hat und als Berater, Vortragsredner und Aushängeschild gebucht werden kann. Die Dominanz neoliberaler und/oder konservativer Konzepte und Narrative in Politik, Wirtschaft und Gesellschaft seit den 1980ern setzte sich in den Jahren der Kanzlerschaft von Angela Merkel[2017] vermeintlich »alternativlos[2006]« fort. Immerhin ist die erste weibliche und ostdeutsche Regierungschefin der Bundesrepublik persönlich integer und stilsicher genug, um sich nicht wie ihre Vorgänger zu gebärden.

Durch ihr unprätentiöses und pragmatisches Auftreten verschaffte sich Merkel im In- und Ausland viel Anerkennung. Ob sich ihre Amtszeit letztlich durch wesentlich mehr als Wohlstandsverwaltung auszeichnete, steht noch offen. Auf die weltweite Finanzkrise[1973] ab 2007 reagierte sie einerseits mit Maßnahmen zur Konjunkturförderung, wozu 2009 die Abwrackprämie[2009] gehörte, in der folgenden Eurokrise[2013] verlangte sie jedoch von schwachen

EU-Ländern harte Einsparungen. Mit der Einführung der Schuldenbremse[2013] 2009 wurden in der Bundesrepublik die künftigen Handlungsmöglichkeiten der Politik stark eingeschränkt. Die Folgen von fehlenden Investitionen etwa in die Infrastruktur werden immer deutlicher. Im Zuge der Energiewende[2013] setzte Merkel den von Rot-Grün angeschobenen Atomausstieg[2004] nach der Nuklearkatastrophe von Fukushima[2017] 2011 konsequent durch, obwohl ihre Regierung noch im Vorjahr eine Laufzeitverlängerung verabschiedet hatte. Zu einem geflügelten Wort wurde Merkels Ausspruch in der sogenannten Flüchtlingskrise[2017] 2015, »Wir schaffen das«, mit dem sie rechtlich ohnehin nicht mögliche Obergrenzen[1973] bei der Aufnahme von Asylsuchenden[2009] ablehnte. Im Hinblick auf künftige Koalitionsmöglichkeiten gab die Bundeskanzlerin 2017 ihren Widerstand gegen die Einführung der gleichgeschlechtlichen Ehe, etwas despektierlich Homo-Ehe[2004] genannt, auf; Rot-Grün hatte Homosexuellen 2001 die eingetragene Lebenspartnerschaft[2004] oder Verpartnerung[2004] ermöglicht.

Die DDR-Vergangenheit wurde inzwischen auf vielerlei Weise angegangen, schließlich verfügen Deutsche in puncto Aufarbeitung[1967] und Vergangenheitsbewältigung[1986] über eine gewisse Expertise. Über die Berliner Mauer machten sich die Mauerspechte[1991] her und verkauften sie stückweise als Souvenirs. Filme und Bücher beleuchten Ereignisse und Schicksale in kritischer Distanz oder verklärender Ostalgie[2000]. In den sogenannten Mauerschützenprozessen wurden unter anderem Egon Krenz und Günter Schabowski zu mehrjährigen Freiheitsstrafen verurteilt. Erich Honecker, der sich zunächst nach Moskau abgesetzt hatte, kam nach seiner Auslieferung 1992 vor Gericht, doch sein Gesundheitszustand war zu schlecht für eine Verhandlung; er starb 1994 in Chile. Die Hinterlassenschaften der Stasi[1980] wurden bis zur Überführung in die Zuständigkeit des Bundesarchivs 2021 vom sogenannten Bundesbeauftragten für die Stasi-Unterlagen betreut, einer Bundesbehörde, die im Allgemeinen nach ihren jeweils amtierenden Leitern Gauck-Behörde[2004], Birthler-Behörde[2006] bzw. Jahn-Behörde oder Stasiunterlagenbehörde[2017] bezeichnet wurde.

Und die Bücher in Plottendorf? Dem Zeitungsartikel zufolge sollte die Sero GmbH tätig werden, eine Nachfolgerin des VE Kombinat Sekundär-Rohstofferfassung, dem DDR-Pedant zum Recycling[1980]. Das Sammeln von Sekundärrohstoffen[L1985/1991] – einer der Begriffe, den der Einheitsduden übernimmt, dort mit der Erklärung »regional für Altmaterial« – war nicht nur umweltfreundlich[1973/L1976] und im Sinne einer Kreislaufwirtschaft[2020] mit Müllvermeidung[2000] weitaus effektiver als etwa der grüne Punkt[2000], sondern diente gelegentlich auch konkreten Solidaritätsaktionen[L1985], etwa der Entwicklungshilfe[1961] für Vietnam.

Einen Teil der Bücher rettete medienwirksam der ›Bücherpastor‹ Martin Weskott, ein evangelisch-lutherischer Pfarrer aus dem niedersächsischen Katlenburg, der selbst als Schriftsteller und Bibliomane[1880] ein Zeichen gegen die weitverbreitete Wegwerfmentalität[1991] setzen wollte. Er hatte einen Folgebericht in der »SZ« über die Entsorgung der LKG-Bestände gelesen und machte sich auf, die Exemplare zu bergen. In fast 150 Transporten mit Autos und LKWs schaffte er Zehntausende Bücher in seine Gemeinde, wo sie schließlich Platz in einer historischen Scheune fanden. Unter den zum Teil druckfrischen Gesamtauflagen waren nicht nur Werke von gerade nicht so angesagten Autorinnen und Autoren der DDR wie Stefan Heym, Brigitte Reimann, Friedrich Schorlemmer und Christa Wolff, sondern auch Klassiker wie Heinrich Mann und Fjodor Dostojewski, dazu Kochbücher und Ratgeber aller Art sowie wissenschaftliche Fachliteratur, die auf besonders große Nachfrage stieß. Wie Weskott auf Nachfrage bestätigte, befanden sich auch Leipziger Duden unter den geretteten Büchern. Gegen eine Spende für »Brot für die Welt« kann man immer noch Bücher aus Katlenburg mitnehmen. Diese stammen mittlerweile aber aus ganz verschiedenen Quellen. Ab 1992 organisierte der Bücherretter zudem Lesungen seiner »Müll-Literaten«, an denen unter anderem Schorlemmer und Wolff teilnahmen – nicht alle in der Hannoverschen Landeskirche waren glücklich über die ›kommunistischen‹ Auftritte. Für sein Engagement wurde Weskott unter anderem mit dem Bundesverdienstkreuz[1980] ausgezeichnet.

Mit dem Hackenporsche vor und zurück

Sprachwandel: »Haben wir denn sonst keine Probleme?«

Unter der Überschrift »Adieu, Hackenporsche!« berichtet die »SZ« im August 2020 über die Neuauflage des Duden, die in dem Monat erscheinen soll:

> Hackenporsche
> Der gerade bei älteren Menschen beliebte Einkaufstrolley hieß früher landläufig »Hackenporsche« (gestrichen) oder Kartoffelmercedes. Dass auch er – ebenso wie der »Murrkopf« oder der »Jägersmann« – nun aus dem Duden fliegt, ist »erschrecklich« und »hiedurch« zum »Irrwerden« (alle gestrichen). Denn: Diese Streichung ist gemein und rentnerfeindlich und muss noch einmal überdacht werden. Nicht jeder schafft es, täglich auf dem Ingwerscooter zum Smoothie-Shop zu brettern.

Investigativer Journalismus[2004] war dazu nicht nötig: Mit einer Presseankündigung hatte die Dudenredaktion zur 28. Auflage neben den 3.000 Neuaufnahmen freimütig die Streichung von 300 Lemmata eingeräumt und unter anderem den Hackenporsche[2004–2017/2024] (»scherzh. für Einkaufsroller«) als Beispiel genannt.

Ein kleiner Sturm der Entrüstung brach los: Tweets[2013], Onlinepetition[2017] und Kreuzverhör[1915] der Duden-Chefredakteurin bei der »BamS«. Wie die »SZ« argwöhnte man eine bevormundende Sprachlenkung[1991], Altersdiskriminierung[2006] und Klassismus[2020] (»*Soziol.* Diskriminierung aufgrund der Klassenzugehörigkeit«). Die von der »SZ« bemühte ›Rentnerfeindlichkeit‹ ist noch nicht im Duden zu finden, dafür – vermutlich als Gaslighting[2020] – das Rentnerparadies[2004].

Bei Aufregung um Sprachwandel[1991] gerät der Duden regelmäßig in die Schusslinie. Dabei bildet das Wörterbuch die Veränderungen nur ab, es steuert sie nicht. Die Dudenredaktion ist keine Académie française[1980], die im Nachbarland mit staatlicher und wissenschaftlicher Autorität die französische Standardsprache[1986] festlegt. So stand es allen offen, den ›Hackenporsche‹ weiter im Munde zu führen. Selbst die überaus umstrittene Rechtschreibreform[L1957/1961] von 1996 veränderte lediglich die Orthografie, nicht die Sprache.

»Haben wir denn sonst keine Probleme?«, wird oft gefragt – ohne darüber nachzudenken, wer eigentlich für die ganze Aufregung sorgt. Angesichts dramatischer Herausforderungen könnten sich alle den Alarmistinnen[online] und Alarmisten[online] anschließen: Der Klimawandel[2004] wird durch immer häufigere Jahrhundertsommer[1996] und Jahrhunderthochwasser[2004] mit Starkregen[2006], Dürresommern[2024] und Waldbränden[1973] auch in Mitteleuropa spürbar. Welchen Wohlstandsverlust[2024] wird das auslösen? Wo bleibt die Klimagerechtigkeit[2024]? Wenn große Teile der Welt unbewohnbar werden, wird sich der Migrationsdruck[2020] nicht abwenden lassen: Die Globalisierung[2000] funktioniert nicht nur einseitig zum Vorteil des Exportweltmeisters.

Möchte man jedoch Themen meiden, die der Expertise politischer Konkurrenten zugeschrieben werden, oder weiß man, dass die unvermeidlichen Schritte der eigenen Klientel nicht gut zu vermitteln sind, ist das Ausweichen auf Kulturkämpfe[1915–1934/1961] ein immer häufiger eingeschlagener Weg. So verurteilt man lieber den Versuch, im Sinne des Gender-Mainstreaming[2006] Diversität[2000], Gleichstellung[1973] und Teilhabe[1929] auch über eine gendersensible[2024] Sprache anzugehen: Dies sei nichts weiter als der Auswuchs einer abstrusen Genderideologie[2020]. Dabei ist das Gendersternchen[2020] nicht viel schlimmer als ein Trema oder Akzente, und der Glottisschlag[1991] fällt bei ›Spiegelei[1880]‹ ja auch nicht schwer. Dahinter stehe aber eine allmächtige LGBTQIA+[2024]-

Lobby, die Sprachmanipulation[1991] mittels eines aufgezwungenen Neusprech[2004] in Orwell[1986]'scher Manier betreibe. Die Rechte und Freiheiten von Minderheiten liegen in einer liberalen Demokratie nicht im Ermessen der Mehrheit. Zudem entschied das Bundesverfassungsgericht schon 2017, dass Personen mit einem Geschlecht jenseits von männlich und weiblich berücksichtigt werden müssen. Doch sei zu den Umfragen, in denen sich viele gegen das Gendern[2009] aussprechen, bemerkt, dass die meisten Frauen laut derselben Umfragen in der persönlichen Ansprache, etwa in Briefen, durchaus nicht nur mitgemeint[2024] sein wollen. Trotzdem setzen die selbsternannten Verteidigerinnen und Verteidiger der freien Sprache immer mehr Genderverbote[2024] durch, um einen herbeifantasierten Zwang entgegenzuwirken. Schützenhilfe bieten ihnen dabei allerlei Intellektuelle[1934] und Comedians[2000], die in auflagenstarken Publikationen, Talkshows[1980] und Bühnenprogrammen in großen Stadien endlos und ironiefrei[online] Sprechverbote[1991], Wokeness[2024] und Cancel-Culture[2024] bejammern.

»Haben wir denn sonst keine Probleme?« Wie schon lange vom Bundesverfassungsgericht gefordert verabschiedete die Ampelregierung[2024] 2024 das sogenannte Selbstbestimmungsgesetz, das transgeschlechtlichen[2020] und nicht binären[2024] Menschen erlaubt, ihren Geschlechtseintrag[2020] und ihren Vornamen durch eine einfache Erklärung ändern zu lassen ohne Vorlage pathologisierender Gutachten von ›Expertinnen‹ und ›Experten‹. Das Ganze macht einer überaus vulnerablen[2024] Minderheit das Leben ein bisschen weniger schwer; darüber hinaus hat es für niemanden Bedeutung. Dennoch wurde das Thema in populistischer[1986] Manier breitgetreten mit Falschbehauptungen[2024] sowie Ausfällen gegenüber Betroffenen. Besonders unrühmlich scheint die Aufregung von Publizistinnen, denen man als Lesben[1980] noch vor einigen Jahrzehnten mit den gleichen geschmacklosen Unterstellungen den Zugang zu geschützten Räumen für (heterosexuelle) Frauen verwehren wollte.

Triggerwarnung[2024]: Wer Frauen effektiv schützen möchte, müsste – ehrlich gesagt und statistisch belegt – die heterosexuellen Männer aus ihrer nächsten Umgebung wegsperren. Und Kinder brauchen sich nicht vor Dragqueens[2004] zu fürchten, sondern vor Kirchenbesuchen und dem Sporttraining. Verehrte Leinwandgrößen[1991] wie Heinz Rühmann und Peter Alexander konnten sogar in der Adenauer[1961]-Ära als »Charleys Tante« glänzen; heute würden ›besorgte Bürgerinnen und Bürger‹ Frühsexualisierung[2020] wittern. Und die gleichen Figuren, die sich nie für Frauenquoten[2000] und den Gender-Pay-Gap[2020] interessierten, entdecken plötzlich Diskriminierung im Hochleistungssport als zentrales Thema.

»Haben wir denn sonst keine Probleme?« Seit den 1980er-Jahren ist die Debatte um Asyl[1880] beziehungsweise das im Grundgesetz als Grundrecht verankerte Asylrecht[1961] ein stetiger Wiedergänger in deutschen Wahlkämpfen – zumeist auf unterstem Niveau, weshalb der damals im Duden aufgenommene Asylant[1980/L1985] mittlerweile als »oft abwertend« gekennzeichnet werden muss. Als in den 1970er-Jahren nach Ölkrisen[1980] und Rezession[1961] ein Anwerbestopp[online] von Gastarbeitern[1967] nötig schien, gerieten die in Deutschland lebenden Ausländerinnen[L1951/1954] und Ausländer[1880] in den politischen Blick – und ausländerfeindlich[1980] und Abschiebehaft[1980] in den Duden: Wie immer in wirtschaftlich schwierigen Zeiten mussten Minderheiten als Sündenbock[1915] herhalten. Sollten die Menschen, vornehmlich aus der Türkei, in Deutschland bleiben? Sah man sich als Einwanderungsland[1991], das eine Integration[1941] ermöglicht? Wie sollte man mit Flüchtlingen[1880] verfahren und – im Vergleich dazu – mit Spätaussiedlern[1980] aus den Ostblockländern[1973], die nach dem maßgeblichen ›Abstammungsprinzip‹ als Deutsche galten? Der 1978 erstmals von der sozialliberalen[1973] Bundesregierung eingesetzte Ausländerbeauftragte[1996] hielt fest, dass die Gastarbeiterinnen und -arbeiter dauerhaft bleiben würden und Deutschland somit faktisch schon ein Einwanderungsland sei. Schritte zur völligen Integration und rechtlichen wie politischen Gleichstellung seien allgemein Bildungsangebote, ein zunächst kommunales Wahlrecht sowie vorbehaltloser Rechtsanspruch auf Einbürgerung[1880] für die in Deutschland Geborenen mit Option für eine Staatsbürgerschaft[1967] bei Erreichen der Volljährigkeit. Hier zeigten sich Realitäten, die manche selbst im Angesicht des demographischen[1967] Wandels und der drohenden Überalterung[1941] der Gesellschaft noch immer nicht wahrhaben und nicht finanzieren wollen.

So heizten CDU/CSU mit Unterstützung von »Bild« und »Welt« lieber eine – innerparteilich umstrittene – Asyldebatte an, um sich in Bundes- und Landtagswahlen zu profilieren: Schon 1980 verbrannten Neonazis[1986] die ersten Menschen in einem Übergangsheim für Geflüchtete in Hamburg. Eine neue Dynamik erreichten die Diskussionen nach dem Mauerfall[2004] und im Gefolge der Bundestagswahl 1990. In der Umbruchsituation der neuen Bundesländer[1991] mit ihren wirtschaftlichen und sozialen Problemen wirkte der von der Politik geschürte Hass wie ein Brandbeschleuniger. Hinzu kamen steigende Flüchtlingszahlen durch die Kriege im zerfallenden Jugoslawien. Bewusst ließ man Asylsuchende[2009] unter erbärmlichen Zuständen ausharren, die zu einem öffentlichen Ärgernis werden mussten. Nicht anders erging es den ostdeutschen ›Vertragsarbeitern‹, die unbedingt in ihre Heimatländer zurückkehren sollten. Schon in der offiziell antifaschistischen[1947] DDR waren Xenophobie[2000]/Fremdenfeindlichkeit[2004] und rechte Gewalt der Skinhead[1986]- und Hooligan[1991]-Szene ausgeblendet worden. Die Vertragsarbeiterinnen und -arbeiter aus den Brudervölkern[1973] hatte man gezielt isoliert: Eine Integration war nicht vorgesehen und Familiennachzug[2020] nicht erlaubt. Bei einer Schwangerschaft war die einzige Alternative zur sofortigen Abschiebung[2004] eine Schwangerschaftsunterbrechung[1967/L1976]. Im Duden ist diese Personengruppe bis heute nicht zu finden.

Zu den zahllosen Hetzjagden auf einzelne Menschen mit vielen Todesopfern kamen pogromartigen Ausschreitungen wie 1991 in Hoyerswerda und 1992 in Rostock-Lichtenhagen. Über mehrere Tage und unter dem Beifall von Anwohnerinnen und Anwohnern griffen entfesselte Mobs[1880] die Unterkünfte von Asylsuchenden und Vertragsarbeiterinnen und -arbeitern an. Von Law and Order[2004] in den CDU-regierten Bundesländern keine Spur. Die Attacken waren jedoch nicht auf Ostdeutschland beschränkt; Nachahmungstäter[2004] fanden sich auch im Westen. Allein bei den von Rechtsextremisten verübten Mordanschlägen von Mölln 1992 und Solingen 1993 starben insgesamt acht Menschen türkischer Herkunft.

Im ›Asylkompromiss‹ 1992/93 stimmte die SPD-Opposition schließlich einer Grundgesetzänderung[2009] durch die Regierungsparteien CDU/CSU und FDP zu, die das individuelle Recht auf Asyl stark einschränkte. Da gruppenbezogene Menschenfeindlichkeit[online] aber ein immanentes Anliegen rechter Politik ist und daher niemals befriedigt werden kann, setzten sich Debatten und Übergriffe fort. In dieser Zeit gelangt auch der Asylmissbrauch[2004] in die 23. Dudenauflage.

Rechtsextremismus[1980] und Rechtsterrorismus[2017] haben in der Bundesrepublik eine lange Geschichte, fanden aber im Vergleich zum Linksterrorismus[2017] weniger bis gar keine Beachtung. Presse und Politik stürzten sich in den 1970er-Jahren lieber auf die Rote-Armee-Fraktion[1980]. Diese hielt sich für eine Avantgarde[1880] im »bewaffneten Kampf in den Metropolen«, ohne zu merken, dass sie keine Nachhut[1880] hatte. Aus der selbsternannten Stadtguerilla[1973] wurde schnell eine ›Befreit-die-Kader-Guerilla‹, deren Anschläge trotz des antiimperialistischen[I.1967/1991] und antikapitalistischen[2009] Geschwätzes letztlich nur einem Selbstzweck dienten. Aber die Beteiligten waren eloquent und rebellisch, jung und attraktiv, stammten zumeist aus gutem Hause, boten also reichlich Projektionsfläche und suchten sich als Opfer auch noch Vertreter der bundesdeutschen Elite. So richtete sich der 1972 verabschiedete sogenannte Radikalenerlass[1980] zu »Grundsätzen über die Mitgliedschaft von Beamten in extremen Organisationen« mit den folgenden Berufsverboten[1973] vornehmlich gegen vermeintlich linke Radikale[1973]/Radikalinskis[1973]. Unterdessen zogen rechte Wehrsport[1934–1941]-Gruppen mordend durchs Land – ausgebildet wurden sie übrigens in den gleichen Camps der PLO[1980]/Palästinensischen Befreiungsorganisation[I.1985] wie die RAF[1980]: Antisemitismus[1934] verbindet. Beim Oktoberfest[1915] in München 1980 verübten sie den Terroranschlag[1986] mit der bis heute in Deutschland höchsten Opferzahl: Dreizehn Menschen verloren ihr Leben, über zweihundert weitere wurden zum Teil schwer verletzt. Doch alles, was von der These eines psychisch verwirrten Einzeltäters[1991] ablenkte – ein Begriff, der passend zu der Welle rechtsextremer Gewalt Anfang der 1990er-Jahre in der 20. Dudenauflage erscheint –, wurde geflissentlich beiseite geschoben oder ging im Verlauf der Untersuchungen mysteriöserweise verloren: die Mitgliedschaft in Neonazi-Gruppen, die Verwicklungen eines V-Manns[1973] des Verfassungsschutzes[1967], Zeugenaussagen, Beweisstücke – darunter eine abgetrennte Hand, die trotz aller entgegengesetzten wissenschaftlichen Erkenntnisse dem ›Einzeltäter‹ zugerechnet wurde. Vermutlich sollte nichts davon den Bundestagswahlkampf von Franz Josef Strauß stören. Der bayerische Ministerpräsident setzte als Kanzlerkandidat[1967] der Union auf Zuspruch aus dem rechten Spektrum und hatte die Warnung vor der mit einem Panzer paradierenden Wehrsportgruppe gerade erst in den Wind geschlagen. Das Setting erinnert an die NSU-

Morde[2020] in der ersten Hälfte der 2000er-Jahre, die lange nicht als rechtsextremistische Terroraktionen erkannt wurden. Und sowohl bei den Anschlägen von Halle 2019 und Hanau 2020 als auch bei den zahllosen Belegen für rechtsextreme Netzwerke in der Bundeswehr und den Sicherheitsbehörden ist immer wieder von Einzeltätern die Rede. Das Hufeisen[1915]-Schema in der Extremismus[1941]-Theorie legt eine Nähe von Rechts- und Linksextremismus[1986] nahe. Doch in absoluten Zahlen übersteigen die rechten Gewalttaten die linken bei Weitem, auch in ihrer tödlichen Konsequenz. Zudem zeigen Linksextreme wenig Affinität zum Eintritt in Armee, Polizei und Verfassungsschutz: Linke Netzwerke, die den Staat unterlaufen, sind daher kaum zu befürchten; islamistische[2000] wohl ebenso wenig. Gotteskriegerinnen[2009] und Gotteskrieger[2004] haben weltweit hauptsächlich andere Musliminnen und Muslime auf dem Gewissen. Wer glaubt, dass man den Antisemitismus erst nach Deutschland importieren müsse, argumentiert schlicht islamfeindlich[2017]. Das ideologische Gewand, in das Hasspredigerinnen[2006] und Hassprediger[2006] ihre Gewalt und Volksverhetzung[2006] hüllen – misogyn[1980] (»frauenfeindlich«; als Substantiv schon in der 1. Dudenauflage), nationalistisch, queerfeindlich, rassistisch, religiös –, lässt sich beliebig wechseln.

Im Jahr 2015 flammten Asyldebatte und Unterkünfte erneut auf in der sogenannten Flüchtlingskrise[2017] – ein erfolgreiches rechtes Framing[2017], denn es handelte sich eigentlich um eine Krise der Flüchtlingspolitik[2020], nicht der Flüchtenden. Spätestens mit der Coronakrise[2020] ab 2020 bereicherten Querdenkerinnen[1991/2024] und Querdenker[1991/2024], Reichsbürgerbewegung[2017] und QAnon[2024] die zunehmend von Verrohung und blankem Unsinn geprägten Debatten um weitere Facetten; an Meinungsvielfalt[1991] und Streitkultur[2004] scheint es eher nicht zu fehlen. Dem entgegen steht der Wunsch und die Forderung nach mehr Ambiguitätstoleranz[2024]. In Zeiten des Ukrainekriegs[2024] verdeutlichen sich die Folgen einer fahrlässigen Russlandpolitik[2020] und einer Schuldenbremse[2013], die ökonomisch längst aus der Zeit gefallen ist. Und so verengt sich der Fokus erneut auf Asylsuchende, Bezieherinnen und Bezieher des Bürgergelds[2020] – viele davon Alleinerziehende[1986], Aufstockerinnnen[2009] und Aufstocker[2009] – und alle, auf die sich sonst noch herabsehen lässt. Selbst multikulti[2000], Parallelgesellschaft[2006] und Leitkultur[2004] werden ebenso wie Kanzlerkandidaten aus der Mottenkiste[1973] geholt. Jeder und jede sollte sich allerdings fragen, nach welchem ausgemerzten[1880] Minderheitenproblem man vom Rollback[1973] selbst niedergewalzt wird.

»Haben wir denn sonst keine Probleme?« Die Aufregung um die Streichung des ›Hackenporsches‹ in der 28. Dudenauflage war schließlich so groß, dass sie entsprechende Spuren in den auszuwertenden Textdatenbanken hinterließ. So kehrt das Lemma 2024 mit seiner neugewonnenen Relevanz und sprachlichen Präsenz schon in die 29. Dudenauflage wieder zurück. Ein richtiges Happy-End[1941] also!

Bedeutungswandel und -erweiterungen

Booster	2013	(Elektronik) Zusatzverstärker für Antennen- u. Hi-Fi-Anlagen
	2024	(Elektronik) Zusatzverstärker; (Flugwesen, Raumfahrt) zusätzliches Triebwerk; (Medizin: kurz für) Boosterung
Fräulein	1880	ohne Erläuterung
	1996	(als titelähnliche Bez. bzw. Anrede für eine unverheiratete weibliche Person heute allgemein durch »Frau« ersetzt)

geil	1880	–
	L1985	(meist abwert.)
	1991	(Jugendspr. auch für) großartig, toll
	2017	(ugs. auch für) großartig, toll
komisch	1880	–
	1887	thöricht und zum Lachen reizend, scherzhaft; die Komödie betreffend
	1934	possenhaft; töricht und zum Lachen reizend; sonderbar, wunderlich
Remigrant	1967	(lat.) Rückwanderer, zurückgekehrter Emigrant
Remigration	2024	Rückkehr in das Herkunftsland; (verhüllend) massenhafte Ausweisung von Menschen mit Migrationsgeschichte
Querdenker/	1991	jmd., der eigenständig u. originell denkt
Quer-denkerin	2024	jmd., der unkonventionell u. originell denkt, Anhänger, Sympathisant der politischen Bewegung »Querdenken«
Sanktion	1880	–
	1893	Genehmigung
	1929	Bestätigung, Bestimmung, Vollzug, Gesetzeskraft; (auch: [frz.]) Zwangsmaßnahmen (gegen Deutschland)
	1934	Bestätigung, Erteilung der Gesetzeskraft; (Mz. auch) Sicherungen; Sicherungs-bestimmungen, Zwangsmaßnahmen

L1957	Billigung; Bestätigung; Erteilung der Gesetzeskraft; (Mz. auch) Sicherungen; Zwangsmaßnahmen; gemeinsame Maßnahmen mehrerer Staaten gegen das völkerrechtswidrige Verhalten eines anderen Staates
2000	([lat.-franz.] geh. für) Billigung; (Rechtsspr.) Erteilung der Gesetzeskraft; (meist Plur.) Zwangsmaßnahme

Lemmata mit Migrationshintergrund

Die vielen Herkunftssprachen deutscher Wörter

1880	Abonnement	französisch
	Bergamotte	türkisch
	Embargo	spanisch
	Exil	lateinisch
	Flamingo	spanisch
	Giraffe	arabisch
	Granit	italienisch
	gratis	lateinisch
	Haubitze	tschechisch
	Ingwer	sanskritisch
	Juwel	niederländisch
	kaputt	französisch
	Karikatur	italienisch
	Kiosk	persisch
	Lava	italienisch
	Möbel	französisch
	Moskito	spanisch
	Muffel	französisch
	Oase	ägyptisch
	Perücke	französisch
	Pistole	tschechisch
	Säbel	ungarisch-polnisch
	Samowar	russisch
	Schach	arabisch
	Schokolade	mexikanisch
	Sofa	arabisch

	Spinat	persisch-arabisch
	Tabak	spanisch
	tättowieren	tahitisch
	Tolpatsch	ungarisch
	Tornister	slawisch
	Tulpe	persisch
	Vampir	kroatisch, serbisch
1887	Jause	slowenisch
1902	Gong	malaiisch
	Ski	dänisch
1915	halogen	griechisch
	Joghurt	türkisch
	Pogrom	russisch
	tabu	polynesisch
1929	Geysir	isländisch
	Joga, Yoga	sanskritisch
	Saga	altnordisch
1941	inschallah	arabisch
	Plauze	slawisch
	Sauna	finnisch
L1951	Datsche, Datscha	russisch
1954	Marihuana	mexikanisch-spanisch
1961	Après-Ski	französisch
1967	Loipe	norwegisch
L1967	Subbotnik	russisch
1973	Chuzpe	jiddisch-hebräisch
	Müesli	schweizerisch
1980	Bambule	französisch
	Maloche	jiddisch-hebräisch

1986	Acryl	griechisch
1991	Kajal	sanskritisch
2000	Fengshui/Feng-Shui	chinesisch
2013	Schmackofatz	polnisch
2017	Emoji	japanisch
	hyggelig	dänisch, norwegisch
	postfaktisch	lateinisch
	prokrastinieren	lateinisch
2020	Amygdala	griechisch
	wallah!	arabisch
2024	Kanban	japanisch
	Onsen-Ei	japanisch

Redaktionelle Leitung: Dr. Laura Neuhaus
Recherche in den Dudenauflagen: Susanne Grüter, Paula Lebsanft, Alexandra Lena Schmidt, Kathrin Schöberl
Umschlaggestaltung: Robert Grill, München
Umschlagabbildungen: stock.adobe.com/captainvector (Pomade), stock.adobe.com/Good Studio (Saxophon), stock.adobe.com/lantapix (Kinderwagen), stock.adobe.com/Eva Kali (Pizza), Robert Grill (Kilimandscharo), stock.adobe.com/Crimzon (Erde)

Satz und Layout: L101 Mediengestaltung, Fürstenwalde

www.duden.de
www.cornelsen.de

1. Auflage, 1. Druck 2024

Druck: Livonia Print, Riga

ISBN 978-3-411-74505-0

PEFC/12 31 006

PEFC zertifiziert
Dieses Produkt stammt aus nachhaltig bewirtschafteten Wäldern und kontrollierten Quellen.

www.pefc.de